大展好書　好書大展
品嘗好書　冠群可期

大展好書　好書大展
品嘗好書　冠群可期

武術特輯

109

意拳散手

謝永廣　編著

大展出版社有限公司

姚承光先生簡介

中國當代著名武術家、意拳第三代掌門人姚承光先生，自幼隨父親姚宗勳（王薌齋先生之衣缽傳人）先生學習意拳。由於其才思聰敏，刻苦鑽研，善於思索，並得到嚴師慈父姚宗勳先生傾囊相授，經過 40 多年的研究，已功臻化境，多年來接受中外各路搏擊高手的挑戰，雖必勝而不驕。

在任北京市武協意拳研究會會長及宗勳武館館長的同時，姚先生先後被聘為貴州意拳研究會名譽會長兼技術教練、河南開封意拳研究會名譽會長、山西長治意拳研究會名譽會長、遼寧旅順意拳研究會名譽會長，北京大學、北京中醫藥大學、河北工程大學等多所大學武術協會顧問，香港意拳學會技術顧問、香港姚氏意拳紀念學會名譽會長，日本橫濱、東京、大阪太氣拳研究會技術顧問，加拿大意拳研究會名譽會長、英國意拳研究會名譽會長、美國意拳研究會名譽會長、韓國意拳協會名譽會長，法國巴黎技擊協會技術顧問，波蘭意拳學院名譽院長兼總教練，歐洲意拳聯合會名譽會長。

在教學實踐的同時，姚承光先生還非常注重意拳理論方面的研究。先後在《武魂》、《武林》、《拳擊與格鬥》、《搏擊》等武術雜誌發表了數十篇有關意拳的理論研究文章。並整理了父親姚宗勳先生的著作《中國實戰拳法——意拳》，在香港出版發行，還將珍藏了多年的姚宗勳先生的珍貴的錄音資料整理成《中國意拳——一代承前啟後的拳學大師姚宗勳》VCD 紀錄片，並配有姚宗勳先生大量的歷史性照片、影像以及文字手稿等珍貴的資料，由北京中國科學文化音像出版社

出版發行。與此同時，還著有《中國意拳追蹤函授教材》、《一擊必殺》、《中國意拳系統教學光碟》等意拳系統教材，以及香港意拳錄影帶、日本意拳錄影帶。

自 1996 年起，在有關領導及武術界同仁的支持下，姚先生先後組織了「中日首屆意拳、太氣拳學術研討會」、「紀念王薌齋先生誕辰 115 周年學術研究會」及「紀念姚宗勳先生誕辰 85 周年學術研究會」，同時在有關領導及意拳同仁的支持和倡導下，探索性地推出了《意拳推手、散手競技比賽規則》（草案），成功地舉辦了一系列意拳推手、散手競技比賽，加強了意拳學術交流，為其走向職業化作出了積極的貢獻，對促進中國武術的進一步發展也具有深遠的意義。

從 1985 年起，姚承光先生先後應邀到山西、山東、貴州、四川、天津、河南、河北等省市推廣意拳；1988 年，應香港意拳學會之邀，赴港講學達半年之久，推動了香港意拳的發展；1992 年，應日本太氣拳研究會之邀，東渡扶桑，講學授藝，完善了日本太氣拳理論與技術體系；2001 年 11 月應義大利意拳組織邀請，先生赴義講學；2004 年 10 月後，先生又赴韓國講學，為意拳走向世界再闢一片新天地。

與此同時，每年日本、韓國、加拿大、澳洲、法國、美國、義大利、奧地利、英國、瑞士、德國等海外意拳組織都要組隊來宗勳武館學習交流。《中國青年報》、《科技日報》、《21 世紀中國》、《中國日報》、《工人日報》、山西《長治日報》、香港《商報》、《明報》、《大公報》，北京《中華武術》、《武魂》，山西《體育文化》、《搏擊》，《武當拳擊與格鬥》，法國《技擊》、日本《空手道》、《中國功夫》、《武術——春夏秋冬》，韓國武術刊物等報刊雜誌，都相繼報導過姚承光先生的事蹟。

1978 年出生於河北邯鄲。2002 年畢業於河北體育學院武術專業。現為中國武術協會會員，國家二級運動員，國家二級武術裁判，工作於邯鄲職業技術學院（原邯鄲大學）體育系，任專職武術教師。

謝永廣多年來致力於武術技術與理論的研究，曾習國家規定拳械、散手、跆拳道、拳擊等國內外武技，並於 1999 年拜著名武術家，意拳第三代嫡系傳人姚承光先生為師，學習意拳至今。2003 年經姚承光先生推薦，又拜著名太極拳家喬松茂先生為師，學習傳統太極拳，先後在 2004 年河北省太極拳錦標賽和 2005 年第二屆世界太極拳健康大會上榮獲傳統太極拳一等獎；習武之餘注重理論研究，先後在《中華武術》、《武魂》、《武林》、《搏擊》、《武當》、《河北體育學院學報》等武術期刊雜誌發表學術文章近百篇，其著作《意拳心法》一書由北京體育大學出版社出版發行，《散打絕招》一書由中國國際廣播音像出版社出版發行。並有多篇有關意拳的文章被翻譯成英文在歐洲意拳專業網站上轉載。

前　言

謝永廣

意拳，作為中國傳統武術之奇葩，以其獨特的養生與技擊效果蜚聲海內外。如今，世界各地眾多的武術愛好者都在學習和研究意拳，越發證明了意拳極強的生命力。

「問渠哪得清如許，為有源頭活水來。」越是有生命力的東西往往越注重基本功的訓練，意拳更是如此。在意拳的整個訓練體系中，基本功佔據了很大的比例。

基本功直接影響著意拳實戰的效果，而意拳的實戰又是檢驗基本功紮實與否的關鍵因素。意拳的實戰分為推手和散手兩種表現形式，其中，推手雖然有自己獨特的訓練體系，但推手只是散手的輔助性訓練，而意拳的散手從一定意義上來講，就是不附加任何條件的徒手搏擊。

意拳的基本功主要包括：站樁、試力、摩擦步、發力和試聲五大部分。

意拳基本功法最大的特點就是各部分之間環環相扣，聯繫的非常緊密，缺少或疏忽了哪一個環節，都不可能窺得意拳之堂奧。當今世界上意拳習練者雖多，但真正得其精華者卻寥寥數幾。究其原因乃是一部分人提起意拳只是津津樂道於王薌齋、姚宗勳等前輩們「搭手飛人」的奇妙功夫，卻往往忽視了意拳基本功的訓練；有一部分人即使下大功夫去練習基本功，卻由於方法欠缺而功效甚微。種種原因都充分說明如果缺乏正確的基本功訓練或對基本功理解不足，都將極大地影響意拳的學習和研究。

意拳推手和散手同樣有自己科學而系統的訓練方法和步驟，如果僅憑紮實的基本功去進行實戰，而不去進行實戰的專項訓

練，最多只能是胡拼亂打，而終不得意拳實戰之精髓。

意拳實戰以基本功為基礎，以推手為其輔助訓練，最後在散手中達到「推斷結合」這種獨具特色的實戰形式。所以說，意拳的基本功、推手和散手三者之間是相輔相成，共同組成了系統而完善的中國實戰拳學的訓練體系。

為了進一步推動和促進意拳運動的發展，在中國當代著名拳學家、意拳第三代嫡系傳人、筆者恩師姚承光先生的大力支持下，筆者不揣淺陋，編寫《中國意拳標準教程》系列，旨在將科學、系統的意拳基礎理論和嚴謹、規範的基本技術動作呈現給廣大意拳愛好者，讓大家更全面、系統地認識和瞭解意拳基礎功法和實戰體系，從而更進一步地學習和研究意拳。

《中國意拳標準教程》系列主要分為《意拳功法》、《意拳推散手》和《意拳斷手》三大部分。本叢書將理論與技術相結合，系統地介紹了意拳站樁、試力、摩擦步、發力和試聲等基礎功法和意拳的推手、散手實戰技術與方法。為了突出本書的科學性和嚴謹性，特聘請姚承光先生擔任技術顧問。在姚老師的指導下，本著求真求實的原則，書中的技術說明部分真正地將意拳中很多意念內涵用細緻入微的筆鋒描述了出來，並配有姚承光先生親自演示的嚴謹、規範的動作圖片說明。

在拙作中筆者首次運用現代體育教育學和運動訓練學的理論闡釋了意拳的教學與訓練，這是對意拳理論研究的一次大膽嘗試，不足之處敬請各位專家老師指正！

面對此書，您需要的是「一泓清水，一輪明月」般的心境，當別人為尋求「武林秘笈」，練就「神功絕技」而樂此不疲時，您卻能由「指月之指」看到了意拳的「光輝」。意拳，從哪兒來，到哪兒去，在山出山，泉清泉濁，了了分明。

姚承光先生曾講：「明白了站樁，意拳你就明白一半兒了。」由此可見意拳中基本功的重要性。所以要想在意拳上有所

成就，就必須要苦練基本功；同時，也要將意拳實戰體系中核心原理性的方法技術加以反覆磨練，從而破繭成蝶，運用自如。就如書法家，要練就懸腕揮毫的本領，就要發揚「池水盡墨，指肘生繭」的精神，選擇碑帖，提筆對臨，嚴格地束縛自己。

意拳如禪一般，清新活潑，自由而超脫。但意拳決不倡導無約束的自由，不經過嚴格基本功和基本方法技術的束縛，就達不到實戰時真正的超脫。意拳就是要經由嚴格的訓練，將基本功與基本方法技術相結合，身心一致地去實踐，從研修中洞悉一切，從而拋開束縛、偏見，獲得真正的自由——隨心所欲，應感而發，達到拳學的最高境界——拳拳服膺。一如達摩東渡，面壁九年，終破壁成佛……

晨鐘已響，曙色曦微，端杯品茗，香澀自知！

寫在前面

姚承光

自 2005 年 10 月份，由永廣編寫的《意拳心法》一書出版之後，得到了廣大武術界同仁的一致好評，在此我也感到非常欣慰。為了能讓意拳愛好者更系統地學習意拳，永廣在《意拳心法》一書的理論基礎上，又用了一年多的時間編寫《中國意拳標準教程》——意拳功法、意拳散手、意拳推斷手三本叢書。該叢書比較全面地介紹了意拳的技術體系，科學而系統。經我審核，符合意拳的原則原理。

一門學科的普及和發展，必須要有一套系統的理論技術框架來支撐，而這一「框架」是由教程來體現的。今永廣能夠編寫《中國意拳標準教程》，對於意拳學科體系的完善具有積極的作用。在這裏需要說明的一點是，該叢書雖然稱為「標準教程」，但並沒有否定別人之意，只是提供一套學習意拳可以參照的範本，讓廣大意拳練習者在學習和研究意拳時有據可循，不走彎路。

我自幼隨父親姚宗勳先生學習意拳。在父親武學思想的指導下，經過多年的的科班苦練以及 20 多年的教學實踐，積累了豐富的意拳教學和訓練經驗。很多人經常問我：「怎樣才能練好意拳？為什麼自己苦練多年卻收效甚微？」實際上，練習意拳最忌諱糊裏糊塗，盲目去練。首先一定要明白拳理，自己連拳理都搞不明白，練起來豈不是南轅北轍，本末倒置嗎？

意拳並不神秘，人人都可以練好，但先決的條件是：要有明師的指導，科學的理論及系統的訓練方法，結合自己的細心揣摩，反覆實踐。所謂的明師必須具備實事求是的科學態度，唯物

辯證的法則及精湛深厚的功力，能夠根據練習者的不同水平，在其疑難問題出現的關鍵時刻給予徹底「根治」和解決，指出其進步的途徑，使學生快速提高。同時，學習意拳還要有刻苦務實的精神，不要存在僥倖心理。

意拳沒有絕招，縱觀近代武術家，沒有一個是靠所謂「絕招」成名的。如果說意拳有「絕招」，那也就是意拳的原則原理之法，而非枝節、片面的局部方法。

學好意拳，還要腳踏實地地去練，不要認為自己勝了幾個業餘習武的人，就認為自己成了，其實這是對意拳的一種很膚淺的認識。王老曾說：「意拳不是打三攜倆，而是拳拳服膺」。先父姚宗勳先生也說：「三個月就可以培養一個打手，而培養一個拳術家則需要十年，甚至數十年的時間。」王、姚二老，雖追求一生，但從不滿足，他們是經過數十年刻苦研究，才成為一代拳學大家的。

所以，要想在拳學上有所成就，就要給自己定下高標準、嚴要求，要傾注自己畢生的精力，把意拳當作一門學術來研究。只有本著研究的態度去學習，理論與實踐密切結合，從正確的方法和不斷地交流中去摸索，才能在反覆地實踐中印證自己所學，最終形成自己獨特的拳學見解。

所以說，意拳的真髓只留給勤奮努力、銳意進取、勇於探索的人。要明白，意拳不是財產可以繼承，意拳要繼承就要將正確的理論、科學的訓練方法＋明師行家的指點＋自己的刻苦努力，否則一切都是無用功！

我們在縱觀意拳前輩昔日風采的時候，不要僅僅把前輩們的事蹟當作故事來講。王、姚二老靠的是實力（功夫）捍衛了拳學的真理，而反思我們自己，是否真的下功夫練了，是否真的把意拳拳理搞明白了？

當今意拳的發展看似比王、姚二老時期的宣傳要大得多，但

我們必須要透過這種紛亂的現象，看到其事物的本質。意拳的發展存在著相當嚴重的危機，如今國內外練習意拳（大成拳）的人雖多如牛毛，但真正有功夫者，能說透拳學要義者卻鳳毛麟角。究其原因，乃是缺乏明師的指導，缺乏科學系統的訓練方法，不明拳理，以至於糊裏糊塗盲目地練習。甚至有人把意拳看成了一門玄學，實在可笑之極。

而作為意拳（大成拳）同門同仁，首先要精誠團結，深研拳理，刻苦練功，勇於實踐，從根本上學會、學通、學精意拳。要加強文化和武德方面的修養，愛恨分明，德武兼備，成為一名高水準綜合性的意拳人才。為推廣意拳奠定一個良好的根基，將科學、系統、規範的意拳公諸於世，在全面繼承意拳的基礎上，有所創新與發展，更加科學地完善意拳。只有這樣，才能在前輩的基礎上「青出於藍而勝於藍」。

同時，學好意拳還要端正思想，團結廣大武林同道，相互學習交流，精研拳學，共同攜手，為弘揚中國優秀的武學文化而努力！

今借《中國意拳標準教程》出版之際，寫上幾句，願與大家共勉！

武壇弦歌萬世新
——為意拳標準教程而作

昌 滄

中國體育報業總社編審、《中華武術》雜誌第一任主編

幾天前的一個傍晚，《中華武術》雜誌副主編李平先生給我捎來了謝永廣編著的《意拳功法》、《意拳散手》兩部書稿（另一部《意拳推斷手》正在編寫之中），此為《中國意拳標準教程》系列之一、二、三。此外，還有一部剛由北京體育大學出版社出版的《意拳心法——姚承光先生的意拳事業與武學思想》。

我雖已有了一把年紀，卻仍然是一個急性子的人，於是連夜挑燈翻閱，一下子就被書中的內容給吸引住了。第二天、第三天，我排除干擾，接著往下讀，一口氣就看完了。永廣書稿的內容比較充實，也比較科學系統，且文筆流暢，的確不錯。從而，我發現永廣只是一位二十出頭的小夥子，才大學畢業不久，在邯鄲職業技術學院體育系的專職武術教師，能有如此才華，真是「早上八九點鐘的太陽」，真難得！難得啊！

（一）

意拳，曾稱為「大成拳」。為王薌齋先師所創。繼為姚宗勳先生弘揚發展，並親授弟子及愛子承光、承榮。可惜，我對宗勳先生仰慕已久，卻只有一面之緣，那還是在上世紀八十年代初期。宗勳先生武功高強，武德高尚，為人謙遜、誠摯、豪爽，重義輕利，善待師友，在武術界有口皆碑。在過去人妖顛倒的歲月裏，他艱難地掙扎在饑餓線上，聞者涔涔淚下。但他對武術、對

意拳的無限熱愛和執著追求，仍癡心不改。他早起練功，常年不輟；悉心課徒授子，一絲不苟。薌齋先師為他取名為「繼薌」，寓意深長。縱觀宗勳先生這一生，真不負先師厚望，且也受之無愧！

承光作為宗勳先生的長子，面對薌老絕學，全面繼承，義不容辭！他們兄弟倆在父親親授下，學習意拳，由於天資聰穎，練功刻苦，功夫上乘。承光受其父武學思想的影響，在意拳的教學和訓練上，形成了自己獨特的風格和特點。他的教學比較「科學、系統、嚴謹、規範」，突出本質，注重實戰。自宗勳武館開館授徒以來，弟子遍及海內外，意拳在國際上的影響日益深遠。

承光是一個非常厚道的人，非常專注於事業的人，把意拳當成了自己一生的追求。從《意拳心法》一書中，充分感受到了承光這幾十年來的風雨坎坷路，他的執著精神，令人敬佩！

（二）

昨天上午，永廣來訪。他是一位微胖的帥哥兒，靦腆、謙虛、誠摯，且談吐不凡。我從心眼裏就喜歡上了他。

他出生在中國歷史文化古都的河北邯鄲，一個知識份子的家庭。父輩從政，但都喜愛文化藝術。提起這個人傑地靈的邯鄲，我心儀已久。它是我國太極拳宗師楊露禪和武禹襄的故鄉。我出生在南方的長江邊，幼年就讀私塾時，就聽老師講過，我國北方有個古文化名城叫邯鄲，是春秋戰國時期的「戰國七雄」之一的趙國都城。魏晉時，為「建安文學」的發祥地。「鷸蚌相爭，漁翁得利」、「完璧歸趙、不辱使命」等故事就放生在那兒。後我又得知，早在七千年以前的新石器時期，磁山古文化就誕生在這片熱土上。許許多多的成語故事都緣於此地，如「邯鄲學步」、「胡服騎射」、「青出於藍」、「破釜沉舟」、「黃粱美夢」、「毛遂自薦」、「負荊請罪」、「價值連城」、「一言九鼎」、

「奇貨可居」等等。

一方水土，養一方人。永廣從小就受到良好的家庭教育和濃郁的社會人文環境的薰陶。自幼好學，文武雙修，且十分刻苦。從 1999 年起，他師從意拳名家姚承光先生學習意拳，並有幸成為入室弟子。他習武特別專心，幾年來記錄了幾萬字的習武筆記和心得體會。他的《意拳心法》一書，實際上是他領略了承光先生傳授意拳的精髓，彙宗整理而成。今又編寫《中國意拳標準教程》，將中國意拳的技術體系比較全面地公諸於世，可以說對意拳的普及和推廣具有重大的意義。

這兒，不由得我想起了二千五百年前的孔子的門生們，為了紀念至聖先師、偉大的思想家孔子，他們把先師淳淳教誨的問錄和體會變成了《論語》一書，傳諸後世，稱為千古不朽之作。從某種意義上來講，永廣就是這麼一位弟子！一位刻苦鑽研、善於學習、努力進取的好弟子！正是這樣，就有了《意拳心法》，有了當今意拳這三部標準教程。

走筆至此，偶吟一詩，以示祝賀。

半部《論語》天下興，程門立雪示丹心。
前車後輒皆楷模，武壇弦歌萬世新。

於龍潭湖畔

目 錄

第1章 意拳散手運動概述

第一節 意拳散手的目的和意義

在經過了一系列意拳基本功和推手訓練之後，最終要過渡到散手的階段。意拳散手是直接檢驗各項基本功及推手訓練紮實與否的關鍵因素。意拳散手就其原始意義來講，乃是不附加任何條件的徒手搏擊。

散手又稱斷手、散打、格鬥、實作。雖名稱各異，但實質上都是指一個意思。當然，如果散手對抗的對象、場合不同，那麼其擊打時用力的程度及施展的技法也就因勢而異。如在冷兵器時代的戰場上，或是在平時的生死格鬥中，我們只有一個信念，就是「消滅對方保護自己」。所以一定要發揮拳術的「真」，打擊的方式不需要什麼規則和條件，唯一需要的是發力要迅猛，動作要簡捷，一發必中，無畏、機智、果斷。「視人如蒿草，打人如行路」，「打不著不打，打不重不打，打不死不打。」要讓敵人望而生畏，心驚膽戰。如果是在平時散手競賽，實戰訓練或切磋交流這種場合，則必須要有一定的保護措施。如規則、護具及技法的限制等等。與上述情況相比，在這種場合打擊的手段和方式也就有了本質的區別。前者屬於你死我活的生死搏鬥，後者則應體現道義與武道。總之，論何種形式的格鬥，都是武術本質的體現，也就是說只有實戰才是真正的武術。

意拳訓練從站樁開始到最後的散手，始終突出實戰意圖，將「打」字放在第一位，任何華而不實的招式都與意拳無緣。意拳沒有固定的招法和套路，因為實戰本身就不可能按照固定的程式去進行。但這並不是說意拳主張「唯技擊論」。試想，如果身體不健康，又如何進行激烈地實戰對抗呢？所以意拳訓練從養生樁開始就主張先養後練，在身體健康的基礎上進行技擊的訓練。反過來技擊的訓練又促進了身體的健康。健身與技擊是意拳並重的不可分割的兩個方面，側重於某一方面的訓練都不是真正的意拳，真正的意拳是從技擊與健身兩方面來體現拳學的實質，明確拳學的真正內涵。即薌老所說「拳學乃性命之學也」。

第二節 意拳散手運動的特點和作用

意拳散手不同於一般的現代競技散手運動，競技散手運動是指兩人按照一定的規則，運用踢、打、摔等技法，進行徒手對抗的現代競技體育項目，是在傳統武術基礎上的繼承和提高。從體育的觀念出發，許多動作受到競賽規

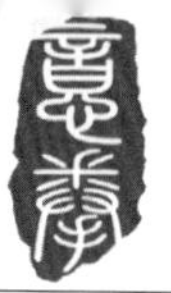

則的限制，在不傷害對手的情況下，可以充分發揮各種技法。而意拳散手從某種意義上來講，它是不附加任何條件的徒手自由搏擊，它不受任何規則的限制，只要是可以擊倒對方的技法，都能大膽地使用。

一、意拳運動的特點

(一)功力訓練的內外兼修性

拳術上所講求的力量，不同於一般生活和工作中的習慣用力方式（如搬重物、拉車子等），而有其特殊的含義和內容。一般稱自身原有力量為「本力」，而透過拳術訓練獲得的力則稱為「功力」，也就是拳術專項素質所特有的力。意拳功力訓練主要是在精神假借、意念誘導下，由站樁、試力、摩擦步和發力等內在的訓練，在一定的條件下高度發展神經肌肉的協調性，來求取技擊中所需要的渾圓力。

意拳實戰訓練的理論上來講，沒有渾圓力作為學習拳術的基礎，就談不到如何掌握技擊的功夫。所以整個意拳的訓練體系就是圍繞著渾圓力的培養與運用來展開的。但是，我們在意拳散手的訓練中發現，很多功力深厚的人在進行散手實作中，往往開始憑藉渾厚的功力打得很猛，可是打不了一會兒，就累得氣喘吁吁，主要原因是他們的耐力差。所以說，功力不等同於體能素質，功力是拳術專項素質所特有的力，而體能素質是指人們機體的基本運動能力，主要包括耐力、速度、力量等素質的訓練。

意拳散手屬於雙人對抗性運動項目，除了渾厚的功力

以外，良好的體能素質也是練好意拳散手的必備條件。20世紀80年代，姚宗勳先生在北京先農壇體育場進行意拳的強化訓練時，採用了功力與體能素質相結合的訓練方法，受訓人員不僅進行站樁、試力等功力訓練，同時也進行跑步、跳繩等體能素質訓練，最後取得了良好的訓練效果。當年受訓的姚承光、崔瑞彬等先生，如今都成了意拳界的實力派代表人物。所以，要想練好意拳散手，必須將功力與體能素質訓練相結合。

(二)精神意識的高度激發性

意拳以「意」命名自有其深刻的內涵。「意」主要是指人的精神意識。整個意拳的訓練過程就是在精神意識的指導下進行的，一切動作接受精神意識的誘導。人體肌肉的承受能力是有限的，但是，人的精神意識卻是可以無限擴張的。精神意識控制著神經系統，而神經系統指揮著肌肉的工作。所以，精神意識的無限擴張可以開發神經與肌肉協調工作的潛力。

在進行實戰時可以想像自身靜如山嶽，動似蛟騰，清逸大勇，氣勢恢宏，精神意識高度激發，大有處於「遇敵猶如火燒身」的極度激發狀態。

只有在這種精神意識的激發狀態下，神經肌肉的潛力才能得到更大地開發，增強鬆緊轉換的頻率，自身猶如高速旋轉的陀螺，對手碰不著你則已，碰著你身體的哪一部分，你都能做到疾速地發力。所以，精神意識的高度激發是進行意拳散手必備的前提條件。

(三)技術體系的整體全面性

意拳的訓練講究「整」。在力量的訓練上，意拳求取的渾圓力又叫整體力；在訓練的程序上，站樁、試力等七步功法組成了一個有機的訓練體系。

意拳的技術體系更是講究整體和全面性，這裏的整體和全面性主要是指周身從頭到腳都要成為攻擊的武器，即所謂的「頭欲搖人、手要打人、身要摧人、步要過人、足要踏人、神要逼人、氣要襲人」。

為什麼意拳散手技術講究整體全面性呢？因為意拳的渾圓力達到一定程度之後，具備「周身無點不彈簧」的特點，即無論對手碰到你身體的什麼部位，你都可以讓此部位發力。周身整體就好像一個打足了氣的籃球一樣，碰到哪裡都能產生反彈。所以，當我們具備了渾厚的功力之後，就要充分利用周身整體的各個部位進行攻擊，以增強實戰時威力。

(四)技法運用的簡捷靈敏性

意拳的技法簡捷而又靈活。所謂簡捷，是指它的技術動作都是符合人體進行搏鬥時的肢體運動規律，樸實無華，簡捷實用，沒有任何多餘的修飾；靈敏，則是指意拳散手的技術動作都是在渾圓力的基礎上發揮出來的。

人體具備了渾圓力之後，所表現的技術動作特徵是能在瞬間將力量集中到一點上，並能瞬間改變力量的方向，所有的技術動作都非常靈活敏捷，能根據對方的動作意而在瞬間做出反應。

(五)推斷結合的技擊獨特性

意拳的推斷結合是意拳散手搏擊的最高表現形式，是區別於現代散手和自由搏擊的主要特徵。所謂的推斷結合，是指將推手與散手的技法結合起來綜合運用。在散手中運用推手的技術來彌補散手技術自身的不足之處。例如在與對方出現摟抱動作的時候，可利用推手中的旋、偏、勾、掛等技術來破壞對方的重心；或者在近身搏鬥時，可利用推手的功夫控制住對方，使對方的技術無法施展。

在使用推斷結合技法的時候，要注意「推」與「斷」之間的連接一定要快捷、連續，推與斷的技術使用一定要合理，且不要為了求勝心切而亂了手腳。

二、拳散手運動的作用

(一)驗證水準，提高基本功和推手的實際應用

前面我們講過，基本功和推手是意拳散手的基礎性訓練，而意拳散手又是檢驗意拳基本功和散手水準紮實與否的關鍵。如在散手中，你控制住了對方的重心想要突然發力，可是卻沒有催動對方，反而被對方頂了回來，什麼原因呢？是因為你神經肌肉鬆緊轉換的頻率太慢，力量沒有在瞬間集中到一點上，也就是說，力量比較「散」而不是「整勁兒」。同時來講，當你抓住機會，第一次發力已經破壞了對方重心，想要再次發力重創對手時，可是步子卻上不去了，第二次發力和第一次連接不起來。

這是由於你基本功中精神激發不夠，神經肌肉鬆緊轉換的頻率和頻率之間不連貫，而導致連續發力的脫節。所以說，基本功和推手的訓練是為散手做準備的。

(二)強體防身，練就健全體魄和高超技藝

意拳散手運動緊張激烈，對抗性強，能夠在練習中有效地增強各關節靈活性和肌肉的收縮能力及伸展性，提高人體的反應速度、力量和耐力素質，提高人體內臟器官功能和人體中樞神經系統的靈活性，增強人體各部位的擊打和抗擊打能力。

透過這些攻防實戰的練習，還可以有效地掌握真實搏鬥的技術，達到防身自衛和維護社會正義的目的。

(三)激發潛能，培養人們頑強拼搏的意志品質

意拳是中國傳統文化的重要組成部分，具有濃厚的民族特色和傳統精神。王薌齋先生在論述意拳時曾講：「拳道之大，實為民族精神之需要，學術之國本，人生哲學之基礎，社會教育之命脈，其使命要在修正人心，抒發感情，改造生理，發揮良能，使學者神明體健，利國利群，故不專重技擊一端也。」就是說，意拳是把人類賴以生存的本能意識由肢體有利的動作表現出來，其所有的動作都是以提高自身防衛本能作為應用的基礎，由這種本能防衛技術的不斷進步和演變，從防禦動作發展到進攻形態，最後達到自動化的行為階段，逐漸的由單純的防衛功能昇華為一種追求和信念。

最重要的是一種民族精神的體現，要求練習者具備敢打敢拼、勇猛善戰、堅韌不拔的精神和完善的人格。所以，透過意拳的訓練，可以內修精神，外練肌體，培養出常人難以比較的意志品質和謙恭忍讓的美德。

在整個意拳散手的訓練過程，除了專項技術的提高之外，也是對人們意志品質的一個很好的鍛鍊。在散手基本功的訓練中，各種簡單的技術反覆的重複，本身就是對人們意志的一個考驗。如果缺乏忍耐克己、百折不撓的精神，那是很難完成這些訓練內容的。所以，只有具備了吃苦耐勞、堅韌不拔、積極向上的品質，才能將枯燥乏味的訓練變成一種樂趣，讓這些平凡的技術動作在不斷地磨練中產生非凡的功能，激發自身的潛能，為更進一步的提高散手水準而盡自己最大的努力。

(四) 觀摩欣賞，享受原始自由搏擊藝術的美感

在意拳散手的比賽或訓練表演時，最大的看點就是比賽雙方由高超的技藝來充分展示意拳技術動作的優勢，尤其是意拳散手在實戰中勁道淩厲均整，技法巧妙多端、反應快捷迅猛，使人體在對抗過程中的機能特點表現得淋漓盡致。

經常觀看這樣的搏鬥，不僅可以感覺到美的享受，還能鼓舞人的鬥志，激發人們積極向上的精神。

(五)競技比賽，展現搏擊魅力增進技藝的交流

意拳散手要想發展提高，必須更多地進行競技比賽，只有在比賽中，各種技術的優缺點才可以發現，同時，透過在比賽交流，還可以借鑒別人的長處來彌補自身的不足，不斷地完善自身的技術體系，增加在比賽中技術的表現值，以充分展現意拳搏擊的魅力。

第三節 意拳散手訓練的基本要求

1. 要有敬業精神，認眞對待，全力以赴

意拳散手是實戰雙方從精神到肢體的直接對抗，它既要打倒對手又要保護自己，要做到這一點，在應付實戰時就要認真對待，全力以赴，來不得半點虛偽招架。意識上一定要真切，這是散手的最基本要求。

2. 實戰訓練一定要有保護措施，且有老師指導

意拳散手是真正的肉搏戰，所以出現傷害在所難免。為了將傷害危險降到最低，實戰時必須穿上護具，訓練以前一定要將身體各部位充分活動開，並且要有老師或有實戰經驗的人在現場進行指導。這是很重要的一點，因為傷害事故往往就是在體力不支，蠻打亂拼，精神不集中的情

況下造成的。所以，當自己感覺精神狀態不佳或者身體不舒服，訓練環境惡劣，尤其是在沒有老師指點的情況下，切不可貿然進行實戰訓練。

3. 要注意循序漸進的原則

散手訓練不是朝夕之事，它是長期的系統訓練。在散手的初期，為了減少傷害，提高學生訓練的積極性，可採取一定的條件實戰。如頭部禁擊，只許用腿不許用拳，或只許用拳不許用腿等，要根據保護設施的具體情況來決定打擊的部位和允許使用的計畫範圍。待有了一定基礎後，方可進行真正的自由搏擊。

4. 要培養自己良好的自我控制能力

在實戰訓練中要學會控制自己的情緒，出手要有分量和分寸，尤其是在雙方實力懸殊的情況下，水準高的一方更要注意控制自己的力量，以免出手太重而傷了對方的訓練積極性。

5. 要掌握一定的人體生理解剖知識

從事技擊訓練的人，要對人體的內外構造有一定的瞭解，知道哪些部位是薄弱環節，一旦被擊中後會有什麼後果，要根據不同的情況採取不同的攻擊形式和力量實施的分寸。這對提高技擊水準和保證訓練的安全順利進行是有很大幫助的。

第2章 意拳散手的原理探悉

在意拳散手運動訓練規律中，具有普遍意義的基本規律，稱之為意拳散手運動訓練的基本原理。意拳散手運動的組織者和參與者都應該深刻理解和認識其運動的內在規律，並要嚴格遵循這些規律去組織訓練，才能取得良好的效果和優異的成績。任何違背這些規律的認識和實踐，都會遭受必然的懲罰。

作為一門學問，意拳散手並非高深莫測，由實踐認識的深入，就能逐漸掌握其自身的規律。無論你練的是什麼拳法，只要一投入實戰，就必須遵循一個共同的規律，這就是在實戰中要做到「制人而不制於人」。當然，要實現這一目的，不是單一因素就能實現的，它是多方面因素的綜合體現。具體到意拳散手體系中，要做到這一點，必須遵循以下因素。

第一節 培養大無畏的精神力量

日本現代極真會空手道大師大山倍達曾言：「有些人

士，雖然體健如牛，力大如象，但真正搏鬥起來，卻往往被一個普通的人控制住。相同的，如果一位懂得拳術的人，在搏鬥之際，要是精神不專一，呼吸不正常，他也一樣難能獲得勝利。不管是他打出的拳、掌或是踢出的腿腳，都像未爆炸的炸彈一樣，毫無威力可言。」大山先生的這段論述充分說明了精神力量在實戰中的重要性。

正像大山先生所言，我們經常見到有些人雖然功力渾厚，技術嫺熟，可是一旦投入實戰，表現出來的卻是猶豫不決，畏縮不前，心驚膽戰，呼吸失常，精神高度緊張。而相反的是雖然有些人功力技術稍遜一籌，但他面對強敵毫不畏懼，頑強勇猛的精神氣概彌補了技術上的不足而反敗為勝。所以，假如雙方水準接近，決定勝負的因素必取決於精神方面。全力以赴置死地而後生者必勝於瞻前顧後畏首畏尾者。

所謂大無畏的精神力量，是指實戰時要有頑強果斷當之即摧的精神氣概，要突出精神意識的真實性。

意拳在總結了前人成功與失敗的經驗教訓之後，形成了一整套提高心理素質的科學系統的特殊訓練方法。其實，從站樁開始的「自我放大」，我們就已經進入了心理訓練。那種「會當凌絕頂，一覽眾山小」，「欲與天公試比高」的氣概，就是一種很好的心理訓練手段。

薌老要求練功時設想「三尺以外，七尺以內，有大刀闊斧之巨敵及毒蛇猛獸蜿蜒而來。其共爭生存之情景，當以大無謂精神而應付之」。即將自己始終置身於非常危險的氛圍之中，時刻與假想敵做精神上的周旋，其實整個訓練過程就是虛中求實。

這種方法是意拳訓練入手之「不二法門」，也是「意拳」重視精神意識訓練的重要原因。王薌齋先生早在20世紀20年代就提出了「自我放大」的訓練理論，而國外的運動心理學家則在20世紀40年代後才開始著手這方面的研究。70年代，美國游泳教練在訓練中採用「把自己想像成巨人」的心理訓練法，取得了重大的成果，這在某種程度上與意拳訓練方法不謀而合。

其實，這種方法在現代體育訓練中同樣是可以借鑒的。姚宗勳先生曾與國家體委、北京市體育科研所合作，系統地研究了意拳的訓練方法體系，並將意拳訓練方法的核心，具體而巧妙地運用到游泳、舉重、田徑、射擊、足球等現代體育的訓練之中，並獲得良好的成效。如：訓練射擊運動員時，運用意拳「精神槓桿放大」的訓練原理，使運動員手中槍桿與靶心直接連接，提高了命中率，使多名運動員的成績大幅度上升，在全國運動會上名列前茅。

唯物辯證法認為：物質決定意識，但意識對物質有巨大的反作用。意拳整個訓練體系就是圍繞「意識對物質的反作用」展開的。

練習意拳的人能始終保持這種良好的心理狀態，不是一時的，而是長期系統培養的結果。「藝高人膽大」是心理訓練的物質基礎；「膽大藝更高」則是精神對物質的反作用。拳諺曰「畏敵者必侮」，「不勝必有懷疑心」，都充分說明精神力量培養的重要性。

意拳精神力量的培養在平時是虛中求實，一旦實作起來，則實中求虛，如入無人之鏡，當之即摧。

第二節 突出周身整體之法的運用

意拳散手在實戰時要求：頭欲搖人、手要打人、身要摧人、步要過人、足要踏人、神要逼人、氣要襲人。由此可見意拳散手在技術的運用上不僅僅局限於「拳頭」，而是從「拳頭」的束縛中解脫出來，將周身各部位都作為了攻擊對方的武器，這就突出了意拳散手注重周身整體之法運用的特點。

其實，能否將意拳散手注重周身整體之法真正用於實戰中，歸根結底還是要看你基本功是否紮實。意拳散手訓練與基本功是緊密結合，缺一不可的。基本功是意拳散手訓練的前提條件，而意拳散手訓練又是檢驗基本功優劣的最佳方式。所以從站樁開始，運用精神假借，意念誘導，使人體神經和肌肉達到高度的協調統一，肢體間能處處連同成一個有機的整體，並由鬆緊的轉換來培養整體的渾圓力，達到周身整體「無點不彈簧」。只有這樣，我們周身各部位在進行打擊時才能產生無堅不摧的威力。

形意拳名家劉奇蘭先生說過「形意拳術之道，體用莫分，自己練者為體，行之於彼者為用」。所以，有了各項基本功，就能在散手中做到「一動無不動」，即六面渾圓力的平衡均整狀態。否則，練得再好也只能是徒具外表而空乏其內。

意拳散手周身整體之法在運用時要求「無點不彈

簧」，「一觸即發」，但這「一觸即發」可不是空發亂發，而是要發到「點」上。關於「點」的概念在推手一章中我們已介紹過，就是雙方肢體相互接觸的部位。只有在這個點上的「一觸即發」，才能真正起到打擊的作用。但是在實戰中究竟身體哪一部分會接觸，這就不是事先能安排好的，只能在實戰過程當中應感而發，相機而動。所以說要想成為拳術高手，則必須經過散手技擊的練習，只有身經百戰，才可以稱為「實作通家」。否則就如沒有下過水的游泳者，沒有摸過方向盤的司機一樣令人啼笑皆非。要知拳術「一勢可變百千勢，百千勢而歸於一勢之基」。此絕非十八法、三十六法等枝節片面的動作所能成就。故薌老所謂「拳本無法，有法也空，一法不立，無法不容」，充分說明意拳之法乃全身之法。

第三節　進攻與防守的有機結合

拳諺中說：「何為打，何為顧，顧即打，打即顧，發手便是處；何為閃，何為進，閃即進，進即閃，不必遠求尚美觀。」這裏所謂的打、顧、閃、進，是指技擊中的攻守之術。技擊中雖有攻、守兩個概念，但作為矛盾的統一體，攻、守之間是相互滲透，相互包含，絕不可分開而言，側重於那一方面都是片面的。

而能否迅速進行攻守轉換，是衡量一種技擊術效率高低的重要標準，所以拳諺常說「進攻是最好的防守」。而

在拳擊的訓練中，是把進攻和防守分開進行的。因此，只有具備相當水準的拳擊運動員才能打出只有在攻守合一狀態下才會出現的「迎擊拳」。而意拳散手從一開始就倡導「不招不架，只是一下」，「你打你的，我打我的，要敢於和對手拼拳」。要求做到「攻守合一」。

那麼，我們怎樣才能在實戰中作到攻守合一呢？

首先，要具備紮實的基本功，沒有基本功作為堅強的後盾，其他方面都無從談起。意拳體系中有嚴格的站樁功訓練，所以在實戰中無論怎樣進退轉換都能下意識地保持好自己的技擊間架，這反映了意拳訓練的整體「一動無不動」的技擊原則。

意拳認為：技術應以功力為基礎，而功力必須由技術來發揮。只有將兩者結合起來才能成為真正的格鬥高手。實踐證明，只要自己的樁功深厚，實戰中保持間架不散，即便挨上幾拳幾腳也都微不足道。

其次，面對強敵，最重要的就是心裏不要畏懼，要勇往直前，「兩軍相戰，勇者勝，夫戰，勇氣也」。當對手進攻自己時，你越是怕挨打，就越會下意識地去進行技術性防守，結果必然挨打。所以實戰時一定要冷靜，對對手的一舉一動皆明察秋毫，搶距離，搶時間，自己要爭取在最佳時機內做到攻守合一，打出實用而漂亮的迎擊拳。

為什麼要在實戰中作到攻守合一呢？

首先，攻守合一能縮短工作的距離，與此同時也提高了出擊的速度。假如對方用直拳向我面部打來，這時我用手去阻擋或拍擊，或是身體的躲閃，然後再去還擊，這就導致工作距離長速度緩慢；而如果我們在一隻手防守或身

體躲閃的同時，出另一隻手還擊，那麼，工作距離相對就縮短了一倍，出擊的速度也就相對提高了一倍，效果是絕對不一樣的。

其次，攻守合一能有效的把握時機，而攻守分離則會錯過時機。

對手在進攻你的同時，也是他最容易暴露自己薄弱環節的時候，所以此時反擊對手最容易奏效。從攻擊的距離上講，對手能打著你的距離，同時也是他能被你攻擊到的距離。攻守合一原理的重要性就體現在這裏。

第四節 意拳散手的守中用中原則

拳諺中曰：「拳打丈外不為遠，近者只在寸間變。」這裏的「寸間變」就是指守中用中原則。「中」是指人體的重心所在，人體重心是以鼻子部位向下的垂線為標誌的。在實戰中，無論對方打來的是拳還是掌，我們都要盡力將其力量撥轉到自己中線兩旁數寸以外。同時我們始終要將攻擊目標定在對方的中線，只要擊中了中線，就能給對方以強有力地打擊，因為你抓住了他的重心。所以在實戰中，無論進還是退，總要有一隻手指向對方的口鼻部位，所有的步法轉換都不能離開這個原則，我們所採取的一切攻擊措施和手段都是為了拿下對方的重心；同時更要有效地保護好自己的重心，不給人以可乘之機。

在實戰中我們發現一個問題，假如對方以正面對己，

那麼，自己很容易就能進攻他的中線，可實際上在實戰當中雙方都是以身體的斜面應敵的，目的是為了減少被攻擊的面積，這就涉及到了正面、斜面、虛與實之間的關係。但由於實戰當中雙方都是在不斷地運動狀態下，身體的正面、斜面、虛與實也都在不停地變化。雙方相對稍微一轉，正面也就變成了斜面，反之，斜面變成了正面。虛實也是如此，看上去對手防備最薄弱的地方，一旦攻擊卻發現固若金湯；看似固若金湯，其實卻不堪一擊。所以說，無所謂正斜，無所謂虛實，只有相機而動，應感而發，同時利用靈活的步法，進退反側，高低縱橫，左右相互輔助，在保護自己的中線重心的同時，一心一意直奔對方的中線重心，只有這樣，才能真正地做到守中用中。

第五節　實戰時意識要真切，全力以赴

意拳由嚴格的基本功訓練，養成了精神高度集中，全身內外高度協調和呼吸自然的習慣。精神高度集中，就為自己設置了良好的觸覺屏障，從而使自己無懈可擊；全身內外高度協調，就可以隨心所欲施展技法，攻守自如；就能增強與對手周旋的耐力。

意拳實戰訓練要求是真實的功夫，這就要求實戰時意識上一定要真切，要堅決抵觸訓練中你來我往，虛偽招架之形式。意拳透過平時的精神假借訓練，培養了良好的競技狀態和旺盛的鬥志，因此能在實戰中做到「應敵猶如火

燒身」，激發內在的一切潛能，調動一切積極的因素，能夠隨時處於一觸即發的臨戰預備狀態。況且，現代搏擊運動中所不斷改進的護具，已為實戰技擊提供了較為安全的技術保證措施，即使是真打實鬥，重拳重腿，安全問題也可以得到保證。當然「心毒稱上策，手狠方勝人」，只有在對敵鬥爭中才可使用，而如果是友誼切磋或競賽，則應根據對手的水準來決定出手的輕重分量。

就技擊性而言，意拳和西洋拳擊所打擊的目的不盡相同。拳擊主要目的是得分，而意拳主要目的是在最短的時間內解除對方的戰鬥力。

實踐證明，只要具備了拳術的真實力量，無論對手身上的哪一個部位，一旦被你擊中就能使他失去繼續戰鬥的能力。拳諺「獅搏象須用全力，獅搏兔亦須全力」，本著這一精神，意拳在實戰時一定要全力以赴。不管對方實力多麼雄厚，首先應從精神上壓住對方，思想上要認真對待，絕不可因輕敵而遭至失敗。

實戰技擊是完全的對抗項目，它較量的不僅僅是力量和技巧，更是智慧、意志及自身修養的綜合對比，所以說有勇有謀才是真正的技擊家。

第六節　既要習以定時，又要練功生活化

薌老常言：「拳學一道，不是一拳一腳謂之拳，也不是打三攜倆謂之拳，更不是一套一套謂之拳，乃是拳拳服

膺謂之拳。」所謂「拳拳服膺」，即謹記在心，不忘不失之意。就是說要想技擊上有所造詣，除了每日規定的習拳時間外，更要在日常生活中揣摩拳術之道，要將拳術中的原則要領牢牢記在心中，終生習之。由這種長期的培養鍛鍊，自然就會「升堂漸入室，所學與日增」，這是一個日積月累的過程。

就如我們初學意拳時，要求用意不用力；鍛鍊一個階段之後，就自然能達到意到力到；那麼繼續堅持下去，到了意拳的高級階段，就會達到意力不分的境界，在實戰中根本不允許你去思考什麼，「交勇者不可思悟，思悟者寸步難行」，完全靠本能去應付一切突發情況。所以，只有做到意力不分，才能在實戰中「不期然而然，莫知之而至」。這種實戰時「無拳無意」之狀態，就是在平時練功中靠處處留心，時時存意所逐漸培養的。

上述觀點如果用現代運動訓練理論解釋的話，就是由不斷地強化條件反射，來促進運動技能形成牢固的動力定型，或者說是形成動作的自動化。要想練好意拳，在理解拳理的基礎上必須要動腦筋，要想著練，練著想，循序漸進，只有這樣，才能在拳學研修中達到更高的境界。

上述六個方面，基本概述了意拳散手訓練所必須遵守的原則原理，這些理論同樣可運用於推手，因為意拳技擊是由推手和散手兩部分組成，高級階段的意拳散手乃是推斷結合。

用系統論的觀點分析：意拳散手訓練的過程就是建立適應激烈對抗所需要的複雜搏擊系統的過程，而搏擊系統所面對的是一個非線性的、突變的環境，僅僅靠各種套路

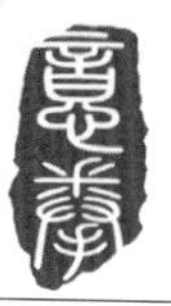

和招式的複製是不能適應對抗需要的。況且，過分強調套路和招式將會扼殺和束縛習武者的創新思維。而創新思維恰是決定一個拳學家是否成功的關鍵因素。

王薌齋先生的一生就是對拳學不斷改革創新的一生。他認為：意拳散手關鍵是要養成「神圓力方，形曲意直，虛實無定，練成觸覺活力之本能。以言其體，則無力不具，以言其用，則有感即應」。此外，還要再配合一定的招法，才能在實戰中有所建樹。

這裏的所謂「招法」不是枝節片面之法，而是人體運動模式之原則原理之法。在王薌齋先生拳學思想指導下，姚宗勳先生更是大膽革新，將西方搏擊訓練方法體系與意拳散手訓練有機結合，形成了獨特的中國現代實戰拳法訓練體系——意拳散手。

總之，意拳散手是在培養人體「觸覺活力之本能」的基礎上，結合一定的原則原理性的方法，來進行「無力不具，有感即應」的技擊訓練。

第3章 意拳散手訓練的基本內容

意拳散手訓練的具體內容包括：實戰的基本間架、基本步法、基本拳法、基本腿法、基本身法、身體其他部位（包括掌法、肘法、膝法）及眼睛訓練等。其實，這些內容在意拳入門之初就已經由站樁、試力、摩擦步、發力等基本功訓練中得到了培養。在意拳散手訓練一章中主要是將這些基本功與實戰結合，使其在實戰中得到檢驗。

第一節 意拳散手的基本間架

意拳散手的實戰間架就是技擊樁。為了保持實戰中全身的協調和靈活，此時的基本間架一般來講要比日常練功中自然一些。

首先要注意的是兩腳站立的姿勢。腳下仍是技擊樁的步法，其前後、左右都應保持適當的距離，以自己感覺舒適得力為原則。兩腳不宜過寬，否則「步大不靈」，雖然重心比較穩固，擊打有力，但是靈活性差，不利於攻防的相互轉換；同時，兩腳又不能過窄，過窄則身體重心偏

高，穩定性差。兩腳的距離應同肩寬。

特別要注意的是：兩腳跟不能死落在地上，重心要偏於前腳掌但又不能像拳擊一樣以腳掌支撐後腳跟離地很高。前腿的膝關節和後腿的髖關節要始終保持爭力，以維持下肢的穩固和平衡。胸間微收，小腹常圓，兩臂環繞要始終保持橫撐豎裹，蓄力圓滿。前手或掌前伸時不得超過自己的前腳腳尖。後手要低於前手一拳左右，以保護下顎和前胸部位。頭部要保持虛靈挺拔，兩眼自然注視，盯住對方的兩眼或中心線，也可觀察對方雙腳的移動，頸下若能容球，舌微縮，上下牙齒間似咬一薄薄的金屬片，不可咬牙閉唇，過於緊張。總之，要整體平衡均整，處處有爭力，不可顧此失彼，偏重於某一方面。

在保持好間架的基礎上，要考慮到拳頭的握法。握拳切忌過死，過死則僵硬，全身貫力就不能通暢，從而導致出拳擊打無力。

意拳散手的握拳方法，好像手裏攥著一個雞蛋，既不能弄破，又不能使雞蛋脫落，只是在擊中目標的一瞬間拳頭猛然一緊，要把雞蛋攥碎，要做到一緊即鬆。在擊中目標的一瞬間還要求做到手腕向內、向下微扣，只有正確的出拳，才能避免手腕、手指的損傷。如果我們在實戰中用手掌來攻擊對方，擊打所用的部位是小指一側的掌根，需要注意的是握拳擊打的瞬間，握起的拳頭好像手指能把掌心穿透；而用掌時擊打的瞬間要有挺力，不能鬆懈。

這兩點都是要有靜力收縮的意思，即拳諺所謂「用拳需透爪，用掌要有氣」，目的是為了增強梢節的力量和增大擊打瞬間的加速度。（圖 3-1）

圖 3-1

第二節 意拳散手的基本步法

拳諺中曰：「打拳容易走步難；步不穩，拳則亂；步不快，拳則慢。」由此可見步法訓練在技擊對抗中的關鍵作用。意拳中的基本步法就是基本功中的摩擦步練習。而在摩擦步的基礎上又有幾種有針對性的實戰步法。意拳實戰步法原則就是簡捷、有效和靈活。意拳的步法是以走動式為主，而拳擊的步法則以跳躍式為主。意拳認為跳躍式的優點是步法靈活，缺點是向前跳躍時容易給對手可乘之機。再者從體力消耗的角度來看，跳躍式要比走動式消耗的大，不利於保存體力與對手進行長時間的周旋。技術高超的拳手可借助步法突入有效的攻擊範圍進行攻擊，然後

退回原來位置，並能連續不斷地運用各種步法，不給對手以固定目標，始終把握實戰的主動權。

意拳在實戰中與拳擊最大的區別就是，拳擊在進攻中的基本間架不是左式就是右式，很少出現兩面打法。而意拳從一開始站樁就始終圍繞著兩面練習的原則進行，所以在實戰中的打法無所謂左右，它是兩面甚至多面進攻的戰術。這種戰術的順利開展則完全依靠於靈活的步法，快速靈活的步法有助於迅速地出拳和起腳。如果腳下的動作慢了，手上的動作也就慢了。可見靈活的步法是技擊的關鍵，它不僅能夠維持自身的平衡，更能在進退反側的轉換中隨時調整與對手的距離，能夠有利地發起攻擊和避開對方的進攻。運動中的目標要比固定目標難打得多，而熟練的運用步法，就可以避免被迫用手臂來格擋對方的踢打，同時又做好了反攻的準備。除了躲閃攻擊以外，借助步法還能使你迅速地接近對手，擺脫困境，並保持體力，以便發出更有力的拳腳。

一個兇猛但步法不靈活的拳手是毫無威力可言的，因為他在企圖攻擊對手的同時，早已挨上的對手的重拳重腿。腳的最好位置就是能夠向任何方向做迅速的移動，同時又能保持自身的平衡，以便抵擋來自任何角度是攻擊。

一、意拳散手的基本步法

(一)進退步

站立的步法、手形與走步右式磨擦步起勢相同。（圖3-2）

向前行進時，左腳向右、向前行至右腳內側中部，隨即向左前方滑一步距離。腳掌落地，足根微虛。右腳隨即跟步，為左式丁八步站立。（圖 3-3～6）

接著練習右腳向前行進，右腳向左、向前行至左腳內側中部，再向右前方滑一步距離。腳掌落地。足根微虛。左腳隨即跟步，為右式丁八步站立。（圖 3-7～9）

圖 3-2

圖 3-3

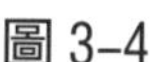

圖 3-4

圖 3-5

圖 3-6

圖 3-7

圖 3-8

圖 3-9

練習右腳向後退時，右腳順原路退至左腳內側中部，再向右後方滑步一步距離。左腳隨即跟步，足根微虛，為左式丁八步站立。（圖 3-10～12）

練習左腳向後退時，左腳順原路退至右腳內側中部，再向左後方滑一步距離。右腳隨即跟步，足根微虛，為右式丁八步站立。（圖 3-13～15）

圖 3-10

圖 3-11

圖 3-12

圖 3-13

圖 3-14

圖 3-15

步法向前行進時的意念活動，與走步摩擦步原則要領相同。步法向後行進時的意念活動，與退步磨擦步原則要領相同。

(二)大步練習

在摩擦步練習的基礎之上，我們可以進行大步練習。具體的要求是前腳往前行進，當膝關節將要伸直時，不要忙於落腳，而是用後腿身體的力量繼續催送前腿和前腳，使前腳在後腿和身體的催送下，向斜前方再滑動大約 15 公分。這就是說每個步長要比基礎的步法練習長一段距離。當前腳落地時是腳尖先落地，前腳著地以後身體馬上要跟上去重心立即移到前腿上（左腿），右腳和右腿馬上也跟上來。落到與前腳（左腳）所站位置相等的地方。這種練法為大式走步法，做這種大步練習的時候，應配合大式樁，因為配合大式樁訓練習可增加腿部的穩定性和力量。（圖 3-16～26）

圖 3-16

圖 3-17

圖 3-18

圖 3-19

圖 3-20

圖 3-21

圖 3-22

圖 3-23

圖 3-24

圖 3–25

圖 3–26

(三)環繞步

圖 3–27

雙方以左式丁八步法站立，以左式不直的直拳肩架相互對峙，雙方距離為 50 公分左右。（圖 3–27）

我方主動攻擊，以左腳環繞步為例。右後腳猛然下踩前蹬，催動身體猛然向左前外方撞擊，左前腿同時抬起，腳掌微離地面，向左前外方，向內扣半步進步。左前腳踩地的瞬間，順時針旋轉。右後腳隨即跟上，為左式丁八步站立，使原先與對手的正面對峙，變為「以斜擊

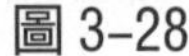
圖 3-28

圖 3-29

正」。在前腳踩地的瞬間，步到、拳到，攻擊的部位是對手右面部。（圖 3-28～29）

以對方左式站立，我以右式站立為例。右腳、右拳在前，我方主動攻擊。首先，左後腳猛然下踩、前蹬，催動身體向右、前外方撞擊。在右腳抬離地面的同時，腳掌向右前外方、內扣、滑步。右前腳踩地瞬間。順時針旋轉。後腳隨即跟步，為右式丁八步站立，呈「以斜擊正」的形式。右前腳踩地、發力的瞬間，右前拳同時發力擊打對手左面部。（圖 3-30～31）

實戰中，應靈活運用左式、右式環繞步，以左右圍堵圈打和正面擊打為原則，也可以在對方主動上步攻擊我方時，運用環繞步，閃開對方的正面攻擊，以斜擊正，擊打對手。如果對方調整了步法的位置，拉開了距離，我方仍要保持間架，再做環繞步，擊打對手。

圖 3–30

圖 3–31

(四)橫走豎撞

雙方以左式丁八步步法站立，以左式不直的直拳間架相互對峙。雙方對峙的距離為 50 公分左右。（圖 3–32）

隨即右腳抬起，橫向滑步約四五十公分，腳掌踩地，左腳抬起微離地面。向右緊跟一步，用步法橫向的移動，閃開對方左前拳的攻擊。（圖 3–33）

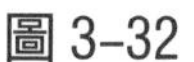

圖 3–32

圖 3–33

隨即，右腳下踩前蹬、上站，腿部微向外擰轉，摧動身體與前腳向對方左腳踝關節外側快速滑步。在腳掌踩地的瞬間，左拳猛然前伸，用拳峰骨棱處擊中對手的面部，意有擊透、擊碎之意。隨即，右後腳緊跟一步，呈丁八步左拳發力的姿勢。（圖 3-34）

一發即止，身體重心仍回到後七前三位置。（圖 3-35）

以上是向對方外側橫走豎撞的攻擊。接著練習向對方的右側的橫走豎橫發力了。

站立的步法與手形與起式相同。我方主動攻擊，首先右腳下踩、上站、前蹬，將身體重心移到左腳上，右腳抬起微離地面，向左緊跟一步，用步法橫向的移動，閃開對方左前拳的攻擊。（圖 3-36）

隨即，左腳下踩前蹬、上站，腿部微向外擰轉，摧動身體與右腳向對方胸窩中線快速滑步。在腳掌踩地的瞬間，右拳猛然前伸，用拳峰骨棱處擊中對手的面部，意有

圖 3-34

圖 3-35

圖 3-36

圖 3-37

擊透、擊碎之意。隨即，左腳緊跟一步，呈丁八步右拳發力的姿勢。（圖 3-37）

一發即止，身體重心仍回到後七前三的位置。（圖 3-38）

以上是向對方身體中線橫擊豎撞的攻擊。

圖 3-38

（五）變　步

站立的步法、手形與左式丁八步不直的直拳起式相同，身體重心為前三後七。向前行進時，左腳向前滑一步距離，腳掌踩地，右腳隨即跟步，呈左式丁八步。（圖 3-39）

接著練習前後變步走步。首先，右後腳下踩前蹬，將身體重心至於左腳，此時身體重心為左七右三。（圖 3-40）

隨即左腳掌下踩上站腿部內裹，以腳掌為軸心，帶動

圖 3-39

圖 3-40

身體和右腿順時針轉體 180 度。隨即，左腳下踩、上站、前蹬，摧動身體與右腳向前滑步，約一步距離。腳掌輕輕踩地，足根微虛，以右式丁八步站立。（圖 3-41）

圖 3-41

接著練習右腳環繞步變步練習。首先，左腳下踩、前蹬、上站，摧動身體和右腳向前滑步約一步距離，右腳掌落地時，腿部內裹、腳

圖 3-42

圖 3-43

踝回扣、呈逆時針轉體 180 度。此時，呈左式丁八步站立。（圖 3-42～43）

左腳與右腳的變步練習其原則要領相同。行進時步法與身體意念活動，與進退步原則要領相同。

二、意拳散手基本步法練習的注意事項

在實戰中要想準確有效地打擊敵人，就要高度重視步法的練習。練習步法時需要注意以下幾點：

1. 隨時保持基本間架時的步形，全身放鬆，保持周身的平衡均整和舒適得力，以保證啟動迅速，躲閃穩當，而且下肢要有良好的彈性和韌性，為隨機隨勢發力創造條件。

2. 練習意拳的實戰步法，最關鍵的就是一定要注意膝

關節微屈，同時要注意向前進步時，後步要跟上；後退步時，前步要隨上。無論怎樣變化，都要以摩擦步的基本要領為參考。

3. 由於搏鬥的情況在不斷地變化，要想適應這種複雜的環境，各種步法必須結合連貫起來使用，才能克敵制勝。所以，訓練時就要不論進退，不分左右的進行綜合性步法練習，以培養在不同情況下的搏擊應變能力。

4. 在實戰步法運用中，要避免不必要的大幅度運動，特別是防禦步法的移動，因為閃避不是逃跑，而是為了更好地攻擊，假如移動的距離太大，既消耗自己的體力，又影響反擊的速度。

5. 步法練習的最初體會是自己的重心移動，所以要把握好自己的重心。

第三節 意拳散手的基本拳法

意拳的基本拳法包括：前後擊打的不直的直拳、由下而上的鑽拳、橫向左右擊打的橫拳及由上而下的栽拳四種拳法。這四種拳法從外型上來看與拳擊很相似，這正是王、姚二老的高明之處。因為任何事物的發展是與創新同步的，沒有創新就沒有發展，當初，王老在接觸到拳擊之後，發現拳擊的拳法簡單、有效、實用，確實有許多可取之處，便讓姚宗勳先生對拳擊進行深入地研究，在研究對比之後，姚先生對意拳的拳法進行了大膽的改革，吸收了

拳擊的特點結合意拳的特色，形成了獨具風格的現代意拳拳法技術體系，並成為意拳散手基本功訓練中必不可少的組成部分。

意拳拳法與拳擊外形雖相似，但實質卻不同。因為意拳拳法在擊打的過程中運用的是前後、左右、上下相爭之渾圓力。例如直拳，向前的同時還包括左右、上下的力量，不管是前手還是後手，碰到哪兒都會有強大地打擊力。這種打擊力就是渾圓力「整」的體現。姚宗勳先生曾說：「上乘的拳法要求在極短的距離內，用很小的動作，很整的力量，很快的速度來完成最有效地打擊。除此之外，還應該認識到真正決定勝負的一擊，除了你本身發力之整，還要有對手在被擊時一瞬間的整，也就是說兩個高速相對運動著的物體之碰撞。」

技擊是一項智勇雙全的運動，只有大膽地接近對手，才能在實戰中施以有效地打擊。但是，沒有經過基本功訓練的人打出的拳往往是動作大而無力，沒有速度，同時也會暴露自己的許多空檔，給對手創造了機會。技擊實戰是各項基本功的綜合體現，沒有紮實的基本功，單靠混打蠻纏，不但打不著對方，還會遭到對方的迎頭痛擊。

一、意拳散手的四種基本拳法

(一)前後運動的不直的直拳

在「形曲力直」原則指導下，意拳的直拳要求打出拳之後不能將手臂完全伸直，因為過度的伸直不但會導致關節的損傷，還會被對手所利用，所以意拳正面進攻採取的

是不直的直拳，這種拳法也是意拳技擊中最基本的拳法。練習時從技擊樁丁八步兩肩橫撐豎裹的基本間架開始，在打前拳時，前拳的位置不要動，要靠身體猛然向前的力量去撞擊前拳，使前拳向正前方擊出。同時要設想兩拳之間有彈簧相連，出前拳時，後手猛然向後撕拉假像中的彈簧，使兩拳之間產生前後相爭之力，即拳諺中所說「前手打人，後手用力」。真正能做到這一點，就會覺的在出拳的瞬間前拳好像被彈出去一樣，既有速度，又有力量。

此外還要注意到全身的協調，在兩拳前後相爭的同時，前腳要猛然下踩並在瞬間提起，膝關節力向前指，而後胯則力向後指，這就是下肢的爭力。

同時還要注意到頭的動作，在擊打前手直拳時，應假設頭部與前拳有彈簧相連，拳向前方擊出，頭要相應地向上、向斜後方微領，以與前拳形成爭力，脖子要向出拳的方向微微擰轉，眼睛要直視出拳的方向。出拳時拳頭不可握得過緊，拳眼向上，在擊打目標的瞬間，小臂要向內側旋轉，拳眼由上而轉到平面向內，腕部向前下方微扣，拳頭好像打在了燒紅的烙鐵上，快打快收，不可停留時間過長。打出的拳頭一般不要超過腳尖的位置，即「力不出尖，形不破體」。

1. 定步不直的直拳發力

（1）定步左直拳發力

站立為左式渾圓樁，身體重心為前三後七，左足根微虛，將雙掌握至呈拳狀，似雙拳各握一紙球，拳心、掌根向下。左拳高度在嘴部位置，右拳高度在下腭位置。兩拳相距兩至三拳，意念假借，雙拳、雙臂之間似有彈簧前後、左右相繫。身體其他部位的意念要求，與左式渾圓樁起勢相同。（圖 3-44）

姿勢站好後，首先進行左拳發力，後腳猛然下踩前蹬、上站，腿部向右後擰轉，催動身體向前，向右擰轉。由於身體轉體的撞擊，左拳猛然前伸，腕部微扣，用拳峰骨棱部擊打假借的目標，似有擊穿、擊透之意。左拳發力時，頭與前腳、後胯與前膝，似有彈簧猛然上下、斜面相爭。雙腿內側，雙拳、雙臂之間，似有彈簧猛然前後、左右相爭，身體似有在樹中擰轉之意，此時身體重心為前七後三。（圖 3-45）

一發即止，手形、身體重心仍回到不直的左直拳起勢。（圖 3-46）右式右拳發力，與左式左拳發力的原則要

圖 3-44

圖 3-45

圖 3-46

圖 3-47

領相同。

（2）定步左右直拳發力

站立的步法、手形與不直的直拳起式相同。（圖 3-47）

練習左拳的發力，與定步左拳發力的相同，身體的重心為前七後三。（圖 3-48）

圖 3-48

隨即練習右拳的發力，首先，右腿彎曲，腳掌下踩前蹬、上站，向內裹轉，催

圖 3-49

圖 3-50

動整個身體向左前擰轉，這時左腳配合下踩、上站，左腿向外、向後擰轉，兩腿內側似有彈簧前後、左右相爭。在右拳猛然發力時，拳頭緊握，用拳峰骨棱部擊打目標，似有擊透、擊穿之意，身體向左轉體時，帶動左拳猛然向後外撕拉，肘微向下發力，似把雙拳、雙臂相繫的彈簧猛然拉斷，頭與雙腳，似有彈簧上下斜面相爭。發力時，身體重心為前七後三。身體似在樹中擰轉。（圖 3-49）

一發即止，手形，身體重心仍回到前三後七起式。（圖 3-50）

定步右拳練習與定步左拳練習，其動作要領，意念要求相同。

（3）定步連續三直拳練習

以左式丁八步站立。（圖 3-51）

圖 3-51

圖 3-52

第一、二拳的發力，其動作要領、意念要求與定步左右拳發力相同。（圖 3-52～53）

圖 3-53

隨即練習第三拳發力。左前腳下踩，回蹬、上站，左腿向右、後擰轉，膝部前指，催動身體向右後方轉體，同時重心由前七後三變為後六前四，隨即後腳猛然下踩前蹬、上站，腿部向右外擰轉，摧動身體向前撞擊，左拳猛然前伸發力，用

圖 3-54

圖 3-55

拳峰骨棱部擊打，似有擊透，擊碎假借目標，發力時，兩拳之間，手臂內側、頭與前腳、右胯與左膝之間，似有彈簧猛然相爭。（圖 3-54）

一發即止，身體的重心仍回到前三後七位置，右式的練習，其動作要領，意念要求與左式相同。（圖 3-55）

2. 走步不直的直拳發力

（1）走步左直拳發力

站立的步法、手形與不直的直拳起式相同。（圖 3-56）

開始練習走步左拳發力。首先，右後腳下踩、前蹬，摧動身體與左腳向前滑步約一個腳掌距離時，猛然下踩上站，腳跟微虛，左膝意向前指。左腳猛然踩地的瞬間，左

圖 3–56

圖 3–57

拳猛然前伸微扣，用拳峰骨棱處擊打假借的目標。身體向右後轉體時，意念假借，似把雙拳、雙臂內側相繫的彈簧猛然拉斷。發力時，身體重心在前腳掌上，一緊即鬆，右後腳隨即跟步，呈丁八步站立。發力時，頭與雙腳似有彈簧上下、斜面相爭，身體似有在樹中擰轉之意。（圖 3–57）

一發即止。手形、身體重心仍回到前三後七起式。

圖 3–58

（圖 3–58）

走步右拳發力與走步左拳發力，其動作要領、意念要求相同。

（2）走步左右直拳發力

站立的步法、手形與不直的直拳起式相同。（圖 3–59）

練習右拳發力時，右後腳猛然下踩、前蹬、上站，向內擰裹，摧動身體和左腳猛然向斜前方滑步到一腳掌半距離，左腳踩地，右拳猛然前伸，腕部微扣，雙拳緊握，拳峰骨棱部擊打假借的目標，似有擊透、擊穿之意。後腳跟步型呈丁八步站立。右拳發力時，兩拳猛然相爭，意把相繫的彈簧猛然拉斷，頭與雙腳似把前後、上下、相繫的彈簧猛然拉斷。發力時，身的重心為前七後三。一發即止。

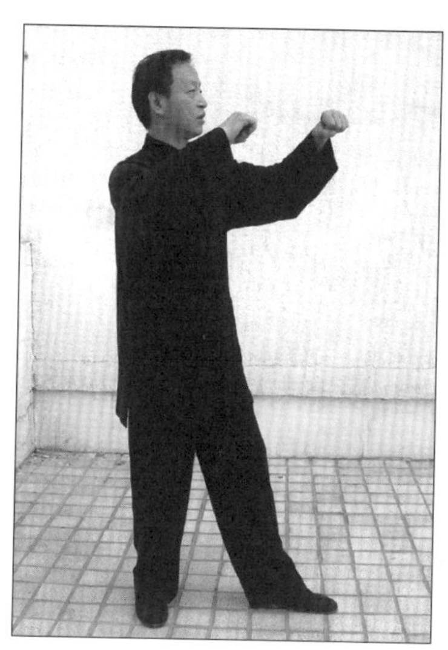

圖 3–59

圖 3–60

圖 3-61　　圖 3-62

（圖 3-60～61）手形、身體重心仍回到前三後七起式。（圖 3-62）

走步右式發力與走步左式發力，其動作要領、意念要求相同。

（3）走一步連續三直拳發力

站立的步法、手形與不直的直拳起式相同。（圖 3-63）

走一步左拳發力與走左步左拳發力時的意念要求相同。（圖 3-64）

左拳發力後直接就是右拳的發力，隨即又回至左拳的發力，與定步三拳發力的第二、三拳原則要領相同。一發即止。（圖 3-65～66）

手形、身體重心仍回到前三後七起式。（圖 3-67）

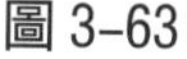

圖 3-63

圖 3-64

圖 3-65

圖 3-66

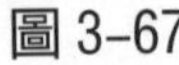

圖 3-67

圖 3-68

右式走一步三拳發力與左式走一步三拳發力，其動作要領、意念要求相同。

（4）走三步三直拳發力

站立的步法、手形與不直的直拳起式相同。（圖 3-68）

走步第一拳、走步第二拳動作要領、意念要求，與走步左右連續發拳相同。（圖 3-69～70）

隨即練習走三步第三拳發力。首先、右腿彎曲，此時身體重心為後六前四。隨即右腳猛然下踩、前蹬，上站、向外擰轉，摧動身體與左腳。向內、向前滑步一個半腳掌距離時，猛然踩地，上站、腿部向內擰裹，左拳猛然前伸，腕部微扣，用拳峰骨棱部擊打目標，似有擊穿擊透之意。發力時，右手回拉，防護面部的動作與定步直拳第三拳相同。右後腳隨即跟上。此時，身體的重心為前七後

圖 3-69

圖 3-70

圖 3-71

圖 3-72

三。一發即止。（圖 3–71）

手形、身體重心仍回到定步直拳的起式。（圖 3–72）

右式走三步三拳發力與左式走三步三拳發力，其動作要領、意念要求相同。

(二)由下而上的鑽拳

意拳的鑽拳不同於拳擊的上勾拳，其兩肘所處的位置仍要保持橫撐豎裹的技擊樁基本間架，由下而上擊打時同樣要有螺旋和擰裹橫撐的力量，同時要注意避免夾肘或張肘的弊病。在前手擰轉向前向上發力的時候，後手做相反的動作向後向下爭力，仍然是利用軀幹的轉動和身體沿縱軸的上下爭力去加強前手的打擊力量。

一般情況，前手應由原來的拳心向下的位置，擰轉到拳心向內去擊打目標。要把注意力集中到拳峰，無論什麼部位碰到對手，都要有一觸即發。如果拳頭打過了，就用腕部，再過一些就用肘部。但要注意雙手的輪換連擊，前手打後應立即收回，同時轉體移動重心，變後手為前手擰轉向前向上擊出。

圖 3–73

1. 定步鑽拳發力

（1）定步左鑽拳發力

站立的步法、手形與不

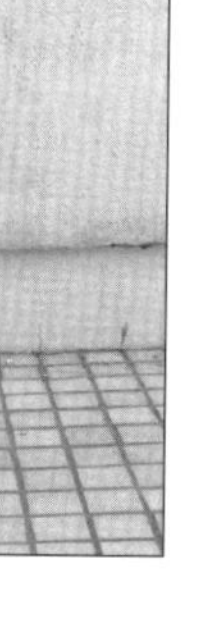

圖 3–74

圖 3–75

直的直拳起式相同。（圖 3–73）

左鑽拳發力時，右後腳下踩、上站、前蹬。右腿向右後擰轉，催動身體向前、向上、向右擰轉，左拳左肘向內擰裹。摧動前拳向上發力，擊打頭頂上方假借的目標，似有擊穿擊透之意。在發力過程中，左拳心由下猛然變為向內，左腳掌下踩、上站、腿部向內擰裹，膝部前指，配合後腿同時上站，右臂右拳同時配合，拳心向下、向外、向上擰轉，就在左前拳擊中目標的瞬間，右後拳已向外擰轉到拳心向外，拳高肘低，面部偏右側位。左拳發力時，身體的重心為前七後三，頭與前後腳、雙拳、雙臂內側似有彈簧猛然上下斜面相爭，身體似在樹中擰轉之意，一發即止。（圖 3–74）

身體重心仍回到後七前三，為定步不直的直拳起式。

（圖 3–75）

右式練習，其動作要領，意念要求與左式相同。

（2）定步左右鑽拳發力

站立的步法、手形，與不直的直拳起式相同。（圖 3–76）

第一拳的發力，與左手鑽拳發力要求相同。（圖 3–77）

隨即練習右鑽拳發力。右腳猛然下踩上站、前蹬、內裹，催動身體向左前方轉體。發力時，右拳右臂，向內、向前、向上擰轉，左拳同時配合左臂，拳心向外、向上，肘低拳高，用手臂護住面部。頭與雙腳，雙拳、雙臂內側似有彈簧上下、左右相爭。身體似在樹中擰轉，發力時，身體重心為前七後三。一發即止。（圖 3–78）

圖 3–76

圖 3–77

圖 3-78

圖 3-79

身體重心仍回到前三後七位置。（圖 3-79）

右式練習，其動作要領、意念要求與左式相同。

（3）定步連續三鑽拳發力

站立的步法、手形與不直的直拳相同。（圖 3-80）

圖 3-80

第一、二拳的發拳動作、意念要求與定步左右鑽拳發力相同。（圖 3-81～82）

圖 3-81

圖 3-82

第三拳發力時，左腳猛然下踩、回蹬、上站，腿部向後擰轉，右腿下坐，隨即猛然下踩、上站、前蹬，向外擰轉，摧動身體向上撞擊左拳發力。拳心向右後擰轉，用拳峰骨棱部擊打頭頂上方假借目標。這時右拳也隨著身體向右後擰轉，拳心向外，拳高肘低，護住面部右側。發力時，頭與前腳，後胯與前膝，雙手和雙臂似有彈簧上下、左右、前後相

圖 3-83

圖 3-84

圖 3-85

爭，身體似在樹中擰轉。發力時，身體重心為前七後三，一發即止。（圖 3-83）

身體重心仍回到前三後七的位置。（圖 3-84）

為定步不直的直拳起式。右式的練習，其動作要領、意念要求等與左式相同。

2. 走步鑽拳發力

（1）走步左鑽拳發力

站立的步法、手形與不直的直拳起式相同。（圖 3-85）

首先，右後腳猛然下踩、前蹬、上站，摧動身體與左腳向前滑步約一個腳掌距離時，左腳下踩上站，腿部向內擰裹，腳跟微虛，左膝意向前指。在身體向前、向上的撞

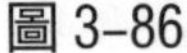
圖 3-86

圖 3-87

擊下，左前拳猛然向頭頂上方擊打發力，拳心由向下旋轉為向內。同時，右後拳配合向下、向後、向外，猛然回拉。頭與雙腳之間，雙拳、雙臂之間，後胯與前膝之間似有彈簧上下、左右、前後猛然相爭。身體似在樹中有擰轉之意。發力時，身體重心在前腳掌上，一發即止。（圖 3-86）右腳隨即跟步，呈丁八步站立，手形、身體重心又回到前三後七起式。（圖 3-87）

走步右鑽拳發力與走步左鑽拳發力，其動作要領、意念要求等相同。

（2）走步左右鑽拳發力

站立的步法、手形與不直的直拳起式相同。（圖 3-88）

走第一步左鑽拳發力的動作要領，與走一步左鑽拳發

圖 3-88

圖 3-89

力相同。（圖 3-89）

第二拳發力時，右腳下踩、前蹬、上站，腿部向右擰轉。摧動身體猛然向前向上，撞擊右拳向上向內擰裹發力，用拳峰骨棱部擊打頭部上方假借目標，似有擊穿、擊透之意。此時，身體重心在前腳掌上。（圖 3-90）

圖 3-90

右腳隨即跟步，一發即止，呈丁八步站立。發力時，頭與雙腳之間，雙拳、

圖 3-91

圖 3-92

雙臂之間，後胯與前膝之間，似有彈簧上下、左右、前後相爭。右拳拳心向外，肘低拳高，以保護面部，右拳發力後，手形、身體重心仍回到前三後七起式。（圖 3-91）

右式走步左右拳發力與左式走步左右拳發力，其動作要領、意念要求相同。

（3）走一步連續三鑽拳發力

站立的步法、手形與不直的直拳起式相同。（圖 3-92）

走第一步左鑽拳的發力，與走一步左鑽拳發力相同。（圖 3-93）

發力後，右鑽拳的發力與定步右鑽拳相同。（圖 3-94）

第三拳左鑽拳的發力與定步左鑽拳第三拳的發力相同。（圖 3-95）

一發即止，手形、身體重心仍回到前三後七起式。

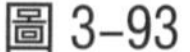

圖 3-93

圖 3-94

圖 3-95

圖 3-96

（圖 3–96）

右式走一步三鑽拳發力與左式走一步三鑽拳發力，動作要領、意念要求相同。

（4）走三步三鑽拳發力

站立的步法、手形與不直的直拳起式相同。（圖 3–97）

圖 3–97

第一拳走步和第二拳走步，鑽拳發力與走步左右拳發力相同。（圖 3–98～99）

隨即練習走三步第三拳左鑽拳發力，這時右腿下坐，隨即猛然下踩、上站、前蹬，向外擰轉，摧動身體與左腳向內、向前滑步一個半腳掌距離時，猛然踩地上站，腿部向右擰裹，摧動身體向上撞擊左拳發力，拳心向右後擰轉，用拳峰骨棱部擊打頭頂上方假借目標。這時右拳也隨著身體向右後擰轉，拳心向外，拳高肘低，護住面部右側。發力時，頭與前腳，後胯與前膝，雙拳和雙臂似有彈簧上下、左右、前後相爭，身體似在樹中擰轉。此時，身體重心在前腳掌上。（圖 3–100）

右腳隨即跟步，呈丁八步站立。一發即止。手形、身體重心仍回到前三後七的起式。（圖 3–101）

右式走三步三鑽拳發力與左式走三步三鑽拳發力，其動作要領、意念要求相同。

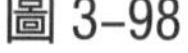
圖 3-98

圖 3-99

圖 3-100

圖 3-101

(三)由上而下的栽拳

栽拳既不同於拳擊的擺拳，也不同於拳擊的勾拳，它同樣要求形曲力直，要用身體去帶動手臂和拳頭。練習栽拳，要始終保持頭部上領，打擊手一側的肘關節要相應的吊起來，然後突然轉體降低身體重心。前臂向內擰裹將力量集中於拳峰，在剛一接觸目標的瞬間全身猛然一緊，好像急剎車一樣，將巨大的打擊力量由上而下傳達到對方身上。這種爆發力幾乎是全部體重與加速度的集成，一旦擊中對手，則如泰山壓頂一般勢不可擋。

1. 定步栽拳發力

（1）定步左栽拳發力

站立的步法、手形與不直的直拳起式相同，意念假借，前方似有一巨石。（圖3-102）

圖 3-102

發力時，首先後腳猛然下踩、上站，微微前蹬、外旋，帶動身體向右後擰轉，前腳猛然下踩、上站，腿部內裹，膝部意向前指，雙腳內側似有彈簧前後相爭。頭與前腳、後胯與前膝，似有彈簧上下斜面相爭，身體向右轉體時，似在樹中有擰轉

圖 3–103

圖 3–104

之意。身體帶動左臂、左拳由上而下、向內微裹，肘關節吊起，近乎直立，拳頭微扣，用拳峰骨棱處擊中巨石，似有穿透入地之意。拳峰打擊點在左腳內側 10 公分左右，以不超過自己鼻梁中線為準。發力時，右拳同時配合，向後撕拉，似把雙臂雙拳內側之間彈簧猛然拉斷：右拳也可向內擠合，護住鼻梁中線。此時，身體重心為前七後三，一發即止。（圖 3–103）

身體重心仍回到後七前三位置，為定步不直的直拳起式。（圖 3–104）

右式練習，其動作要領、意念要求相同。

（2）定步左右栽拳發力

站立的步法、手形與不直的直拳起式相同。（圖 3–105）

圖 3–105

圖 3–106

第一拳發力的動作要領、意念要求與定步左手栽拳相同。（圖 3–106）

右拳發力時，右後腳猛然下踩、上站、前蹬，右腿向左擰裹，左腳同時配合猛然下踩、上站，腿部外擰。頭與後腳似有彈簧上下、斜面相爭，帶動右拳猛然向上、向前、向下肘部吊起，用拳峰骨棱部擊打目標，似有穿透入地之意。在發力的瞬間，左拳同時配合，向後撕拉或向內與前拳擠合，但都要與前拳相爭、擠合之意，掩護面部，這時身體向左側轉體，重心為前七後三。一發即止。（圖 3–107）

身體重心仍回到前後七前三的位置，為定步不直的直拳起式。（圖 3–108）

右式練習其動作要領、意念要求相同。

圖 3-107　　圖 3-108

（3）定步連續三栽拳發力

站立的步法、手形與不直的直拳起式相同。（圖 3-109）

圖 3-109

第一、二拳的發力，其動作要領、意念要求與定步左右栽拳相同。（圖 3-110～111）

第三拳發力時，左前腳下踩、上站、回蹬，腿部內裹、外撐，右腿同時配合膝部彎曲，隨即，腳掌下踩、上站，腿部向外擰轉，頭與

圖 3-110

圖 3-111

前腳、右胯與前膝、兩腿內側、似有彈簧上下、前後、斜面相爭。身體同時配合向右後轉體，身體似有在樹中擰轉之意，左拳同時配合身體擰轉，猛然雙拳緊握，意向前指，指肘部吊起拳頭由上而下，用拳峰骨棱部擊打假借目標。這時，右拳同時配合，既可向後撕拉，也可向內擠合，但都與前拳相爭，擠合之意，後拳護住面部，一發即止。（圖 3-112）

身體重心仍回到後七前三的位置，為定步不直的直拳起式。（圖 3-113）

右式練功，其動作要領、意念要求相同。

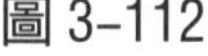
圖 3-112

圖 3-113

2. 走步截拳發力

（1）走步左栽拳發力

站立的步法、手形與不直的直拳起式相同。（圖 3-114）

圖 3-114

走步發力時，右後腿下踩、前蹬、上站，腿部右擰，摧動身體與左腳向前滑步約一個半腳掌距離時，左腳下踩上站，腿部向內擰裹，腳跟微虛，左膝意向前指。身體同時配合，猛然向後向外擰轉，意在大樹中擰轉。在身體摧動下，左前拳猛然由上而下用拳峰骨棱部擊打假借的目標，似有擊穿、擊透之意。左拳在向下擊打時，意有前指，向內擠合，也可以向內與前拳擠合，微向回裹。發力時，雙拳猛然緊握，右拳既可以向後撕拉，也可以向內與前拳擠合，肘高手抵，護住自己面部右側，但都要有與前拳相爭。頭與腳，右後胯與左前膝似有彈簧上下、前後相爭，身體意在樹中擰轉。在左拳擊中目標的瞬間，身體重心在前腳步掌上，右後腳隨即跟步。身體重心呈前七後三。一發即止。（圖3–115）

手形、身體重心仍回到定步直拳的起式。（圖3–116）

走步右式左栽拳發力與走步左式左栽拳發力，其動作要領、意念要求等相同。

圖3–115

圖3–116

（2）走步左右栽拳發力

站立的步法、手形與不直的直拳起式相同。（圖 3-117）

第一步左栽拳發力，與走一步左栽拳相同。（圖 3-118）

隨即，做走步右栽拳發力，右腿彎曲，腳掌下踩、前蹬、上站，腿部向內擰裹，摧動身體與左腳，猛然向左前外方一個半腳掌距離踏去，右拳同時配合向上、向前、向內裹轉，將右手肘部吊起，摧動拳頭由上而下，用拳峰骨棱處打擊目標。發力時似有穿透目標之意，右拳發力時，頭與雙腳之間，雙拳、雙臂之間，後胯與前膝之間，似有彈簧上下、左右、前後相爭，後腿與前腿之間似有彈簧向內擠合。發力時，身體重心都在前腳掌上。右腳隨即跟步呈丁八

圖 3-117

圖 3-118

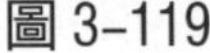
圖 3–119

圖 3–120

步站立。身體重心為前七後三。一發即止。（圖 3–119）

手形、身體重心又回到後七前三的起式。（圖 3–120）

右式走步左右栽拳發力與左式走步左右栽拳發力，動作要領、意念要求等相同。

（2）走一步連續三栽拳發力

站立的步法、手形與不直的直拳起式相同。（圖 3–121）

走第一步左栽拳發力，與走一步左栽拳相同。（圖 3–122）

右栽拳發力回至左栽拳發力，與定步連續三栽拳的右栽拳發力回至左栽拳的發力相同。一發即止。（圖 3–123～124）

圖 3–121

圖 3–122

圖 3–123

圖 3–124

身體重心為後七前三，為定步不直的直拳起式。（圖 3-125）

右式走一步三栽拳發力與左式走一步三栽拳發力，動作要領、意念要求等相同。

（4）走三步三栽拳發力

站立的步法、手形與不直的直拳起式相同。（圖 3-126）

第一步第一拳，第二步第二拳的步法、手形、意念與走步連續栽拳發力第一、第二拳相同。（圖 3-127～128）

走三步第三拳發力時，右腳下踩、上站、前蹬、右擰，摧動身體猛然向右前撞擊。這時左前腳微抬，向內、向前滑步約一個半腳掌距離時踏地發力。有下踩、上站，膝部前指，腿部向右內擰裹，身體向右後擰轉，左拳由上

圖 3-125

圖 3-126

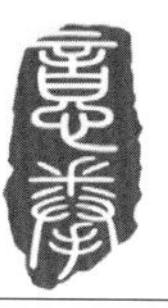

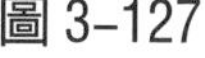

圖 3-127

圖 3-128

而下，拳心朝外，肘部吊起，用拳峰骨棱部擊穿、擊透假借目標。右拳同時配合左拳，既可以向後撕拉，也可以向內與前拳擠合，但都要有與前拳相爭之力，以保護自己面部。左拳發力時，頭與前腳之間、雙拳、雙臂之間，後胯與前膝之間，兩腿內側之間似有彈簧上下、左右、前後相爭，周身各部，似有在樹中擰轉之意。一發即止。（圖 3-129）

手形、身體重心又回到不直的直拳起式。（圖 3-130）

右式走三步三栽拳發力與左式走三步三栽拳發力，動作要領、意念要求等相同。

圖 3-129

圖 3-130

(四)橫向左右擊打的橫拳

意拳的橫拳看上去與拳擊的擺拳極為相似，不同的是拳擊的擺拳在擊打時橫向擺動的幅度較大，而上下的爭力較小；橫拳在擊打時卻要求首先上下要爭起來，在這種爭力的帶動下，身體左右要充分地螺旋轉動，從而去催動手臂將橫拳擊出。其實擊打橫拳就如小孩玩撥浪鼓一般，鼓把好比自己的軀幹，兩個小捶好像兩條手臂，一旦捻動鼓把，我們還體會不到橫拳的奧妙嗎？

1. 定步橫拳發力

（1）定步左橫拳發力

站立的步法、手形與不直的直拳起式相同。（圖 3-

圖 3-131

圖 3-132

131）

左橫拳發力時，右後腳猛然下踩、上站、前蹬，後腿外旋，前腳同時猛然下踩、上站，前腿內裹，膝部前指，身體同時向右擰轉，頭與前腳、後胯與前膝，似有彈簧猛然上下、前後相爭。摧動左肩左拳向內發力，發力時，左拳微扣，肘尖外指，拳心向下，用拳峰骨棱部，橫向擊打假借目標，似有擊打穿透之意。發力時，右後手同時配合，既可以向後撕拉，也可以向內與前拳擠合，但都要有與前拳相爭之意，並保護面部，在發力的瞬間，身體向右轉體 45 度。一發即止。（圖 3-132）

身休重心仍回到後七前三位置。（圖 3-133）

右式的練習，其動作要領、意念要求與左式相同。

圖 3-133

圖 3-134

（2）定步左右橫拳發力

站立的步法、手形與不直的直拳起式相同。（圖 3-134）

第一拳的發力，與左手橫拳發力要求相同。身體的重心為前七後三。（圖 3-135）

圖 3-135

隨即練習右橫拳發力，首先，右腿彎曲，腳掌下踩前蹬、上站，向內裹轉，催動整個身體向左前擰轉，這時左腳配合下踩、微微上

圖 3-136

圖 3-137

站、左腿向外、向內裹轉，催動整個身體向左前擰轉，這時左腳配合下踩、微微上站，左腿向外、向後擰轉，兩腿內側似有彈簧前後、左右相爭。在擊打目標的瞬間，拳頭緊握，右後肘向內微裹，腕部內扣，用拳峰骨棱部擊打，似有擊透、擊穿之意。左後拳既可以向後撕拉，也可以與前拳擠合，但都要有兩拳相爭之力，並保護面部，在發力的瞬間，頭與兩拳似有彈簧上下斜面相爭。發力時，身體重心為前七後三，一發即止。（圖 3-136）

手形、身本重心仍回到前三後七起式。（圖 3-137）

右式練習其動作要領、意念要求與左式相同。

（3）定步連續三橫拳發力

站立的步法、手形與不直的直拳起式相同。（圖 3-138）

圖 3-138

圖 3-139

第一、二拳起的發拳動作意念要求與定步左右橫拳相同。（圖 3-139～140）

圖 3-140

第三拳發力時，首先，左腳下踩、回蹬、上站，腿部向後擰裹，右腳同時配合下踩、上站、前蹬，腿部外擰，身體向右後擰轉，前後腿內側似有彈簧前後、左右猛然相爭，摧動左前拳的拳頭緊握，腕部內裹，用拳峰骨棱部擊打前方假借的目標，似有擊透、擊穿之意。

圖 3-141

圖 3-142

發力時，頭與左腳、右胯與左膝似有彈簧上下、前後相爭，身體向右擰轉時，似有在樹中擰轉之意。同時，右拳既可以向後撕拉，也可以向內與前拳擠合，但都要有雙拳相爭之力，並保護面部。一發既止。（圖 3-141）

手形、身體重心仍回到前三後七起式。（圖 3-142）

右式練習，其動作要領、意念要求與左式相同。

2. 走步橫拳發力

（1）走步左橫拳發力

站立的步法、手形與不直的直拳起式相同。（圖 3-143）

首先，練習左橫拳發力。右後腳下踩、前蹬、上站，腿部右擰，催動身體猛然向前撞擊。左腳微抬，向前滑步

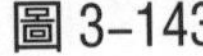
圖 3–143

圖 3–144

約一個半腳掌的距離，腳掌猛然踩地，腳後跟微虛。就在左腳掌踩地的瞬間，身體上站，腿部內裹，膝部前指，頭與前腳，後胯與前膝，雙腿之間似有彈簧上下、前後、左右相爭。由於身體向右後擰轉，催動左肩猛然撞擊左拳，左拳緊握，腕部微裹，用拳峰骨棱部擊穿、擊透假借目標。發力時，身體重心在前腳掌上，後腳隨即跟步呈丁八步站立。身體重心為前七後三。身體由起式時的 45 度瞬間轉成 90 度，右後拳既可以向後撕拉，又可以向內與前拳擠合，但都要有雙拳雙臂相爭之力，並保護面部，一發即止。（圖 3–144）

手型、身體仍回到前三後七起式。（圖 3–145）

走步右橫拳發力與走步左橫拳發力其動作要領、意念要求相同。

圖 3-145

圖 3-146

（2）走步左右橫拳發力

站立的步法、手形與不直的直拳起式相同。（圖 3-146）

走步左橫拳發力與左式走一步左橫拳發力相同。（圖 3-147）

圖 3-147

隨即練習右後拳發力。右後腳下踩、前蹬、上站，腿部內裹，摧動身全猛然向左前方撞擊，右腳微抬，向左前外方滑步一個半腳掌距離時，腳掌下踩、上站，腿

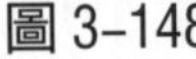
圖 3-148

圖 3-149

部外擰，膝部前指，頭與後腳、後胯與前膝、兩腿內側，似有彈簧上下前後、左右相爭。身體向左前方轉體時，摧動右肩右拳，腕部內裹、用拳峰骨棱部擊打假借的目標。意有擊穿、擊透之意。發力時，身體重心在前腳掌上，後腳隨即跟步，呈丁八步站立，重心為前七後三。左拳在右拳發力時，既可以向後撕拉，也可以向內與前拳擠合，但都要有雙拳相爭之力，並保護面部一發即止。（圖 3-148）

手形、身體重心仍回到前三後七起式。（圖 3-149）

右式走步右橫拳發力與左式走步左橫拳發力，其動作要領、意念要求相同。

（3）走一步連續三橫拳發力

站立的步法，手形與不直的直拳起式相同。（圖 3-

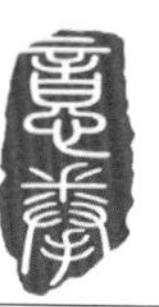

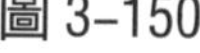

圖 3-151

150）

走一步左橫拳發力，與左式走步左橫拳發力相同。（圖 3-151）

右橫拳發力，與定步右手橫拳發力相同。（圖 3-152）

回至左橫拳發力，與定步第三拳左拳發力相同。一發即止。（圖 3-153）

手形、身體重心仍回到前三後七起式。（圖 3-154）

圖 3-152

圖 3–153

圖 3–154

右式走一步三橫拳發力與左式走一步三橫拳發力。其動作要領，意念要求相同。

（4）走三步三橫拳發力

站立的步法，手形與不直的直拳起式相同。（圖 3–155）

第一步第一拳，第二步第二拳的步法、手形、意念，與走步連續橫拳發力第一、第二拳相同。（圖 3–

圖 3–155

圖 3-156

圖 3-157

156～157）

然後練習走三步第三拳的發力。右腿下坐彎曲，腳掌下踩、上站、前蹬，腿部向右擰裹，摧動身體和左腳右前方滑步一個半腳掌距離時，猛然腳掌踩地。左拳配合身體向右的擰轉。拳頭猛然緊握，腕部內裹，用拳峰骨棱部擊穿、擊透假借目標。發力時，身體重心在前腳掌上。這時右腳隨即跟步呈丁八步站立，身體重心為前七後三。發力時，右拳配合左拳，既可向後撕拉，也可向內與左拳擠合，但要有雙拳相爭之力。並保護面部。頭與前腳、右胯與左膝、兩腿內側，似有彈簧前後、上下、左右相爭，身體向右後擰轉時，整個身體似有在樹中擰轉之意。一發即止。（圖 3-158）

手形、身體重心又回到不直的直拳起式。（圖 3-159）

圖 3-158

圖 3-159

右式走三步橫拳發力與左式走三步三橫拳發力，動作要領、意念要求相同。

二、意拳散手基本拳法練習的注意事項

以上介紹了意拳的四種拳法。這四種拳法有兩種表現形式，第一種為順步出拳，即所謂的前手拳；第二種為拗步出拳，即所謂的後手拳。無論是前手拳還是後手拳，在練習時都要注意以下幾點。

1. 注意身體的作用，要求用身體去催動手，而不要用手去帶動身體

出拳時，身體重心的轉移會對擊打的力量產生極大的

作用，所以無論是順步還是拗步，都要求用身體去催動手，而不要用手去帶動身體。尤其拗步出拳，在擊打的瞬間要求轉體，要以後腳腳掌為軸向內旋轉，腰胯亦相應轉動，即「腰似車輪腿似鑽」。

2. 注意兩拳要打顧結合，攻守合一

意拳是左右手齊動的打法，所以，在一拳進行攻擊的時候，另一拳必定處於防守位置，絕不能散了架。打拳是兩手的結合，是全身之法，而不應該是「半身不遂」。「兩手結合迎面出，自然把定五道關。」就是講前後手協調配合所形成的能攻善守的技擊間架，從而做到打顧結合，攻守合一。

3. 注意四種拳法在擊打時對身體要求的針對性

所謂「對身體要求的針對性」，是指在打拳時對身體各部運動幅度的不同要求。例如直拳，其擊打的方向主要是向前，此時身體在擰轉時一定要向前的幅度大一些，左右擰轉及上下的幅度要相對小一些，否則就會影響勁力的發揮，向前打擊時拳頭順著自己的鼻子中線打出去，但不要超過自己的腳尖。依此類推，鑽拳主要是向上的力量，所以身體要下踩上站的幅度大一些，而左右擰轉及前後撞擊的幅度小一些，打擊時拳頭要順著自己的中線向上，略微超過自己的頭頂即可；橫拳則是左右擰轉的幅度大一些，也要求上下相爭，但前後撞擊的幅度小一些，在左右橫向擊打時拳頭不要超過自己的中線；栽拳要求上下的幅度大一些，兼帶左右擰轉，但向前的幅度要小一些，拳頭

要順著自己的中線向下打去，拳峰要對住前腳腳掌內側。

4. 在保持間架平衡的基礎上，要打出拳法的持續性及靈活多變性

間架是保護自己同時又是進攻對手的最佳姿勢，所以在打拳時一定要注意保持間架的平衡狀態，間架的平衡有利於各種拳法的順利發揮。在保持平衡的基礎上，還要一發即止，一止又能再發，使發拳具有一定的連續性；同時可結合步法從定步打拳開始，過渡到活步練習。

還可以在基本拳法的基礎上稍加變化，在接觸目標的瞬間變拳為掌，用掌根擊打，如果掌根沒有擊中，則再變掌為肘繼續向胸前猛擊，這時突出的鋒芒將是前臂的尺骨或肘關節，這又形成了肘擊。所以，為了適應實戰發力需要，打出的拳法一定要靈活多變。

5. 要注意頭部位置在拳法練習中的重要作用

薌老曾曰「鬆緊之樞紐在於上下，上下相引為周身互爭之法。」打拳時如果沒有以頭部為引導的上下爭力作為基礎，前後、左右的爭力就無法做起，所以在打拳時頭部的位置非常重要。頭在任何時候都要保持適當的位置，即「正」，如果頭的位置在實戰中過於傾斜或俯仰，必定會引起身體的偏倚，必將會影響到正確的發力。所以實戰中要始終保持頭部在運動中的平衡。

6. 既講技擊原則，又要有自己的風格

意拳拳法的練習目的不是進行一招一式固定的進攻和

防守的招法練習，它既不同於在招法框框內「見招破招」式的練法，也有異於「千招會不如一招精」的那種不講方法，一味蠻幹的練法。而是在實踐中檢驗自己的力量能否應感而發。同時，在拳法練習中倡導在不違背原則原理的基礎上，要充分發揮每個人的特長，根據每個人的不同條件和用力習慣，形成自己的風格。

第四節　意拳散手的基本腿法

腿法在實戰中比起拳法來講有以下優勢：

第一、腿比手長，故可以縮短攻擊的時間和距離。

第二、腿的力量大，在實戰中往往能夠發揮出超長的威力，要想阻止腿的進攻相當困難，即使有時做了防範，仍免不了被踢擊的餘力擊倒或踢傷。

第三、腿法的攻擊比較隱蔽，因此具有攻其不備，出奇制勝的功能，並能彌補拳法在攻擊中的不足。所以說腿法在實戰中具有相當重要的作用。

意拳腿法也要以「形曲力直」為原則，並要充分利用螺旋、斜面、曲折等力學原理。因為「抬腿半邊空」，所以意拳腿法皆是低位腿法，在運用腿法攻擊的同時一定要考慮到自身的平衡，抬腿不宜過高，一般不超過對方的腰部，膝關節不可完全伸直，也要求「力不出尖，形不破體」。

意拳腿法順乎自然，抬腿好像是踢，但踢不著也沒關

係，正好是下一步的落腳點。腳一落地又是一項進攻的發力。意拳腿法是建立在步法進退基礎上的，退中有進，進不出尖，即不可伸出過長而減弱力量，不給人以可乘之機，不孤注一擲。

要想在腿法上得心應手，一定要加強摩擦步及走步的輔助練習，並培養自己掌握控制距離的能力。

一、意拳散手的基本腿法

(一)意拳散手的定步腿法

1. 定步點腳發力

站立為左式丁八步，身體呈渾圓樁的基本間架，身體重心為前三後七。（圖 3-160）

圖 3-160

首先凝神定意，兩眼注視前方一假想敵。開始練習右腳發力。雙腿兩膝稍微彎曲，臀部似坐一高凳，身體後部似有與樹微微擠靠之意。兩手左右分開，手心向下，手指橫向前指。意念假借，雙手雙臂似有扶按兩邊的欄杆或桌面，儘量用意念使雙手雙臂放鬆下來。只可用意，不可用力。姿勢站好

後，開始輕輕抬起右腳，離地大約二、三公分。左腳獨立站立，意念假借頭與左腳、頭與右腳掌尖部、兩腿內側都似有彈簧微微相爭。在身體的正前方，有一個假想敵，隨時要襲擊我們。雙方相距 50～60 公分左右。這時首先用右腳攻擊對方的左腳踝關節處。發力前右腳五趾下拔微縮，獨立的左腳掌猛然下踩、上站、前蹬，催動身體猛然整體向前，頭與左腳似有彈簧猛然上下斜面相爭。就在左腳掌猛然踩地前蹬，催動身體向前撞擊的瞬間，右腳同時配合左腳蹬地的瞬間，猛然前踢，用腳掌的五趾前部點擊對方的腳踝，意有穿透，擊碎之意。右腳發力時，頭與右腳上下相系的彈簧及兩腿內側橫向相爭的彈簧都有被猛然拉斷之意。右腳在點踢對方發力的瞬間，頭頸後部，後腰後背似有猛然擠撞身後參天大樹之意。一發即止。（圖 3–161）

圖 3–161

圖 3–162

右腳仍回到起勢時的姿勢。（圖 3–162）

隨即按照此要求，左右腳可交替練習。

2. 定步側踢發力

站立為右式丁八步，右腳右拳在前，站立姿勢為渾圓樁的基本間架，身體重心為前三後七。（圖 3–163）

姿勢站好後，慢慢將右前腳抬起，腳踝關節處回勾，似有夾球之意。前腿膝部微屈，盡量上抬至胸部高度，身體的重心完全落在左腳掌上。左腿膝部彎曲，臀部下坐，身體呈 90 度斜面，微向後靠。右腳掌朝下，腳趾向左，用右腳掌外側直對前方。這時意念假借頭與前腳似有彈簧前後斜面相爭，左後胯與右膝似有彈簧上下斜面相爭，兩拳之間，手臂內側之間似有彈簧前後、左右相爭。臀部有似坐高

圖 3–163

圖 3–164

圖 3-165

蹬之意。身後似有與大樹擠靠為一體之感。（圖 3-164）

姿勢和意念調整好後，開始練習。首先左後腳猛然下踩、前蹬，微微上站，催動身體猛然向前，腰、肩頭部猛然微向後靠，右前腳猛然斜向上前方踢出，用右前腳的外緣向前、向上、微微下踏，擊透假想的目標。意想踢透對方的肋部。右腳發力時，意念假借頭與前腳上下斜面相繫的彈簧被猛然拉斷，前後腿內側相繫的彈簧也同時被猛然拉斷。一發即止。（圖 3-165）

身體重心，手形姿勢仍回到起勢時的姿勢。（圖 3-166）

左式的發力與右式發力原則要領相同。

圖 3–166

圖 3–167

3. 定步蹬踏發力

站立的姿勢同獨立樁相同。（圖 3–167）

意念假借我們身如巨人，懷抱一棵參天大樹，身體與大樹融為一體。臀部似坐在樹幹上，大腿、小腿、後腰、背、頸部似與大樹融為一體。

站立時應感覺到非常的平穩。頭與左腳、頭與抬起的右腳踝部都似有彈簧上下斜面相爭，右腳掌底部似踩著一根粗大的彈簧，左胯與右前膝似有彈簧左右前後微微相爭。意念假借調整好後，開始練習左腳的蹬踏發力。

首先左腳下踩，微向前蹬、上站，催動身體微微向前，向上。身體猛然微向後靠，似有擠靠大樹的相爭之力。這時右腳右腿猛然向下，微向前蹬，微向內擠合，用

圖 3–168

圖 3–169

右腳掌橫向的內掌緣部，似有蹬踏對手的前腿膝部及膝部以下的迎面骨，要有蹬斷踏碎對手的前腿之意。右腳右腿發力時，頭與左腳似把上下相繫的彈簧猛然拉斷，頭與右腳踝部上下斜面相爭的彈簧猛然拉斷，右腳掌在蹬踏時，意有把腳掌下粗大的彈簧猛然踩進地裏之意。左後胯也同時配合把右前腿膝部前後、左右相繫的彈簧猛然的拉斷。右腳在向下向前蹬踏發力時，腳掌不要踩地，大約離地 10 公分左右。一發即止。（圖 3–168）

身體重心，手形姿勢仍回到起勢時的姿勢。（圖 3–169）

右式的發力與左式發力原則要領相同。

(二)意拳走步腿法

1. 走步點腳發力

站立的步法、手形與定步點腳發力起勢相同。（圖 3-170）

右腳發力時的動作，其意念活動，身體各部力量的相爭與定步右點腳發力的原則要領相同，一發即止，右腳落地呈右式丁八步站立。（圖 3-171）

隨即，左腳下踩、上站、前蹬，催動身體向前，右腳發力時的動作，其意念活動，身體各部力量的相爭與定步左點腳發力的原則要領相同。一發即止。（圖 3-172～173）

圖 3-170

圖 3-171

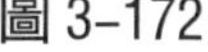
圖 3-172

圖 3-173

左腳落地呈左式丁八步站立。（圖 3-174）

隨即，就可進行右腳與左腳的上步點腳發力了。

圖 3-174

2. 走步側踢發力

站立為丁八步，手形為右式不直的直拳起勢。（圖 3-175）

走步側踢發力時，首先，左腳下踩、前蹬，向前邁出到左腳的腳尖部，腳掌內側向前。將身體重心前移

圖 3–175

圖 3–176

到左腳上。（圖 3–176）

就在左腳踩地的瞬間，右腳猛然抬起向前、向上側踢發力，其意念活動，身體各部力量的相爭與定步右腳側踢發力的原則要領相同，一發即止。（圖 3–177）

圖 3–177

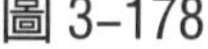
圖 3-178

圖 3-179

隨即，右腳落地。此時，身體重心為左七右三。（圖 3-178）

隨即就可以反覆進行走步側踢發力練習了。（圖 3-179～181）

圖 3-180

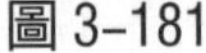

圖 3-181

圖 3-182

3. 走步蹬踏發力

站立的步法、手形與定步蹬踏發力起勢相同。（圖 3-182）

走步右腳發力時，首先，將左腳落地踩實，右腳下踩、前蹬，催動身體慢慢向前，將身體重心移至到左腳上。隨即，右腳向前邁出至左腳掌尖部，站立的步法，手形與定步右式獨立樁起勢相同。（圖 3-183～184）

右腳蹬踏發力時，腿部的動作，其意念活動，身體各部力量的相爭與右式右腳蹬踏發力的原則要領相同。一發即止，右腳輕輕落地。（圖 3-185～186）

隨即，就可以反覆練習走步蹬踏發力練習了。（圖 3-187～190）

圖 3-183

圖 3-184

圖 3-185

圖 3-186

圖 3-187

圖 3-188

圖 3-189

圖 3-190

(三)雙人腳法訓練

雙方相對站立為右式丁八步，手形姿勢，為定步不直的直拳起勢，雙方站立的距離，為腳掌能踢到為準。（圖 3-191）

甲方向乙方進步側踢發力，甲方首先左腳下踩前蹬，催動身體向右，將身體重心移到右腳掌上，隨即左後腳向前行進至右腳掌橫向位置時，腳掌踩地，隨即膝部彎曲，左腳下踩，上站、前蹬，催動身體向前，左腳抬起，膝部抬至為胸部位置，腳掌橫向，用腳掌外側，向乙方左肋側踢發力，似有踢穿、踢透乙方肋部之意。發力時，頭與前腳，兩腿內側，似有彈簧猛然上下、前後相爭，左腿後部，身體後部，似有與牆與樹有擠靠之意。就在甲方向乙方肋部側踢發力的瞬間，乙方右腳下踩回蹬，催動身體和左腳向左外側後退，右腳猛然提起，膝部抬至胸部位置，

圖 3-191

用腳掌外側，向甲方左肋側踢發力，乙方右腳側踢發力的意念活動，身體各部的爭力與甲方右腳側踢發力，原則要領相同。（圖 3-192～193）

圖 3-192

圖 3-193

以上甲方為進步側踢，乙方為後退環繞步側踢，隨即就可反覆練習一進步一退步和一退步一進步的雙人腳法側踢發力了。（圖 3-194～197）

圖 3-194

圖 3-195

圖 3-196

圖 3-197

二、意拳散手基本腿法練習的注意事項

1. 攻擊前，一定要全面保持技擊樁基本間架，精神上要高度集中，周身要充分放鬆，要保持高度警覺，蓄勢待發的臨戰狀態。

2. 攻擊時，踢出的腿要出其不意，凌厲精簡，猶如眼鏡蛇一般令人防不勝防，並由最直接的路徑極力攻擊對手的要害。

3. 擊中目標時，要有力透敵背的感覺，而不是僅僅將力量作用到對方的體表，同時還要嚴密的保護自己，並保持進攻中的平衡。

4. 攻擊之後，要快速將腿收回，用技擊樁基本間架來及時進行防禦，並做好準備，進行下一個回合的搏鬥。

第五節 意拳散手的身法練習

一、意拳身法概述

所謂身法是指身型變化的方法，即人體在攻防中以軀幹為主宰，將全身骨骼和肌肉活動緊密結合所進行的躲閃、進攻、擰轉、曲伸等各種複雜的動作體現。

由於意拳是以渾圓力為基礎，所以意拳的身法練習主要包括前後、左右、上下六個方面的訓練。當我們經由站樁培養了渾圓力之後，就要進行試力的訓練了。意拳試力中專門有三種身法的練習，即旋法試力、搖法試力和神龜出水試力：旋法試力主要是練習前後身法的移動；搖法試力主要是練習左右身法的移動；神龜出水試力則是一種六面綜合但偏重於練習上下身法的移動。在具體的練習過程當中，一定要將這幾種身法的試力與摩擦步緊密結合起來進行走步綜合的試力練習。這是一種身法的摸勁練習，運動起來比較緩慢，其目的在於培養周身的協調性，為以後快速運動的「一觸即發」打下基礎。在走步綜合的試力練習有了一定的基礎之後，還要多進行變步發力練習，並運用「假想敵」意念與敵人進行周旋，在自己虛設的環境中進行快速的身法轉換練習。待熟練之後，我們就要將各種基礎性訓練在實戰中進行檢驗了。

二、意拳身法練習的具體方法解析

(一)三種基礎身法訓練——旋法、搖法和神龜出水試力

1. 旋法試力——前後身法的練習

身體呈右式丁八步站立，兩腳前後力量分配為五五重心，身體其他部位的要求與渾圓樁相同。這時慢慢把雙手抬至胸前高度，手心朝下，五指前指，兩手相距二至三拳。意念假借雙手五指與遠處的樹上繫有彈簧，手掌、手臂下面假借扶按沉重的鐵球，兩臂內側之間，手掌被黏在上面不能脫開。（圖 3-198）

圖 3-198

圖 3-199

姿勢站好後，開始練習旋法試力，這時後腿緩緩向左下方坐靠，後腿與前腿內側似有彈簧微微外分，前腳掌五指微微扒地，後腿在向後下方靠時，身體同時向後下移動，要細心體會身體的後部似把樹有微微擠動之意，由於後腿身體向後下方的運動，雙手同時配合把扶按的大球慢慢回拉，回拉時雙手五指要把假借的彈簧緩緩拉長，兩手臂之間有外分之意，手掌手臂似有下按又有上提之意，這時雙手已回拉到距離自己的胸部有尺把遠時，就不再回拉了，這時身體的重心剛好為前三後七。回拉時要注意後胯與前膝、頭與前腳、兩臂之間都似有彈簧微微相爭。（圖 3-199）

隨即將扶按的大球向前推出，這時左後腿下踩前蹬微微上站，前後腿之間似有彈簧向內擠合，前腳掌微微下踩，前腿膝部微屈前指，由於後腿的運動，催動身體慢慢

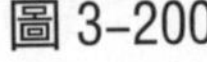

圖 3-201

向右前方似有推動水或大樹之意，這時雙手掌、手臂下側同時配合將扶按的大球向前、內合、下按意向右前方緩緩推出，向前推球時，頭與前腳似有彈簧微微向下擠合，頭與後腳似有彈簧微微上下相爭，這時將球緩緩推回到定式位置，兩腿的重心為五五的位置。（圖 3-200～201）

2. 搖法試力——左右身法的練習

身體呈右式丁八步站立，兩腳前後力量的分配為五五重心，身體其他部位的要求與渾圓樁相同。意念假借我們的身如巨人一般站在很深的水中，雙手慢慢前伸尺許遠，手心向前，手指微屈上指，兩手相距二至三拳，大約在嘴部的高度，兩手像半推半托著一個大的鐵球，手指自然分開，五指間有各夾一棉球感，手臂內側彷彿裹抱一參天大

樹，有分不開裹不動之意，意念假借雙手臂之間、雙手與遠處的大樹上、頭與前腳、左後胯與右前腿膝部、頭與雙手的手指、腕部都要意念假借似有彈簧微微相爭。（圖 3-202）

姿勢站好後，意念假借雙手掌推著的大鐵球向自己身體緩緩滾來，這時我們的左後腿向後下坐靠，身體向左外方慢慢擠靠，意念假借身體有擠動泥土的阻力感，此時頭與右前腳掌似有彈簧上下斜面相爭，後腿在下坐時似有與前腿內側的彈簧有前後外分之意，後胯與前腿膝部似有彈簧微微的前後斜面撐開，這時雙手同時配合有微微的回拉，雙手臂內側似有把彈簧橫著撕開之意。身體在向後下坐靠時，加強向左側的擠靠，頭與左右手相繫的彈簧有前後相爭之意，這時意念將滾過來的大鐵球被我們雙手掌微微頂住，速度減慢了。身體向左外方慢慢地躲閃開，這時身體的重心為前三後七。（圖 3-203）

圖 3-202

圖 3-203

圖 3-204

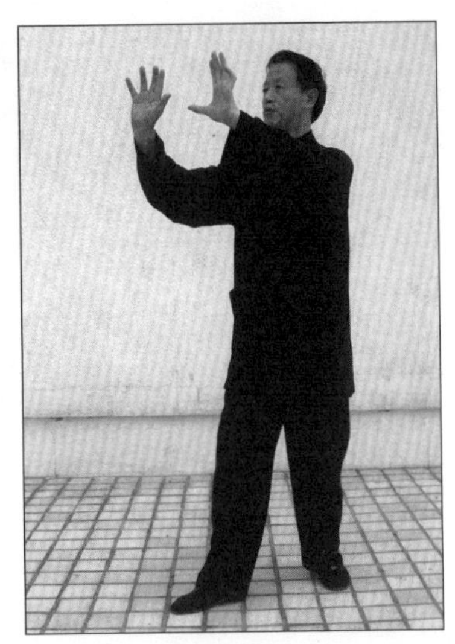

圖 3-205

這時意念假借鐵球繼續向前滾來，左腳掌下踩前蹬，左腿與右腿似有彈簧向內擠合，前腳微微下踩，由於左腳掌下踩，兩腿內合前蹬的推動，身體開始由左向右前方慢慢的移動，前推時頭與左後腳似有彈簧上下斜面相爭，頭部向右前上方微頷，雙手同時配合將滾來的大鐵球緩緩的向前推，整個手臂內側有擠合、前推，微微向上的力量，這時將滾過來的大鐵球慢慢的向前推出。向前推時，身體由左向右移動，要細心體會身體向右移時彷彿有擠動泥水之意，這時身體的中線已轉換到右前面了，身體為五五重心，推完即止，身體呈起勢姿勢。以上是搖法試力一回一推的練習，左，右式可交替練習。（圖 3-204～205）

3. 神龜出水試力——上下身法的試力

身體呈右式丁八步站立，右腳前膝微屈，膝骨突出部位意向前指，小腿似有前後支撐之意，右膝部位有小繩微微上提，足趾微微扒地，同時左腿後膝意念略向後指，與右腿前膝似有彈簧前後相爭，後膝略有上提之意。兩腿的大腿外緣意念輕輕內裹，兩膝和小腿內側微微向外翻張。下肢動作調整好後，再來調整上肢。將雙手慢慢抬起至額頭頂部的高度，掌心向下，五指張開，手指微屈前指，兩手相距二至三拳，由於身體呈右式丁八步站立，所以右手掌位置略高於左手掌半拳左右。

這時意念假借，我們的頭部與右前腳、左後膝與右前膝、雙手五指和雙手腕部與遠處的大樹、雙手掌及手臂內側、頭與前手皆有彈簧微微相爭之意。假想我們身如巨人，彷彿站在海水之中，水的高度在我們額頭位置，水面上彷彿漂著巨大的木板，雙手掌及手臂下側彷彿搭扶在水中的木板上，與其黏為一體。借木板在水面上的浮力，儘量放鬆地搭在上面，不可真用力去扶按。按照以上要求將姿勢和各部位的意念調整好之後，就要開始練習神龜出水向上的扶按練習。左後腳掌慢慢下踩上站，催動身體慢慢的上升，體會左腿與右腿之間有向前向內與彈簧微微的擠合之意。右前腳掌微微下踩，前膝部意向前指，但不可晃動。隨著後腿和身體的上升，意念假借我們借用木板在水中的浮力，用雙手掌和雙手臂輕輕的扶按，扒扶著木板慢慢將身體向右手方向上升，雙手掌和雙手臂在扶按時，可用意念向前指，用力去按壓，用向內擠合之意，但只可用

圖 3-206

意，不可用力。我們身體在慢慢上站時，我們的雙手扶按的高度不變，我們的眼睛要始終看著前上方，頭彷彿從水中慢慢鑽出，向右腳右前手方向徐徐鑽出，身體在上升時，頭與後腳似有彈簧斜面上下相爭，身體好像帶動很多的泥水在慢慢上升，要細心體會身體帶動泥水上站時的阻力感。這時我們的身體重心已經由原來的後七前三變為前七後三，左後腿已呈似直非直狀，雙手掌的高度在我們的鼻子或眼眶的下部。（圖 3-206）

這時向上扶按的動作已經完成。隨即再進行身體向後下的練習。這時我們雙手扶按的高度及手掌手臂下側扶按木板的意念不變。這時右前腳掌慢慢下踩回蹬，催動身體向後下微微坐靠，左後腿膝部微微彎曲下坐，似有把前後腿內側相繫的彈簧微微的爭開，右前腳掌五趾有微微的扒地之意，右膝部仍然意向前指，不可向後晃動。

身體在向後下坐靠時，意念有將整個身體和頭部借用雙手掌和手臂扶按木板的浮力緩緩沉入水中，這時，雙手掌五指，手腕與遠處相繫的彈簧有相爭之意。雙手掌，雙手臂下側有向下按壓木板之意。身體在下坐時，頭與前手相繫的彈簧有上下斜向相爭之意。身體在下坐後靠時，身

圖 3-207

圖 3-208

後各部位都要著意體會有擠靠泥水的阻力感。這時我們身體的重心已由原來的前七後三變為後七前三的位置。手掌手臂的姿勢又回到起勢時的間架。（圖 3-207～208）

(二)意拳綜合身法練習——活步試力

意拳的站樁和試力是意拳身法訓練的基本功。在意拳的身法訓練中，除了側重於身法訓練的旋法、搖法和神龜出水試力之外，其他的試力也是很好的方法。但有一點要注意的是，試力必須結合摩擦步進行活步試力，才算是意拳身法訓練的入門之基。

活步試力，是指在定步試力的基礎上，結合摩擦步（即腿和腳的試力），在運動中進行試力的練習。它是一種整體摸勁的方法，所謂摸勁，就是思想高度集中，以舒

適，協調，意力飽滿為原則，運用不同程度的意念誘導，結合合理的身體姿勢間架，放鬆、緩慢、均勻地揣摩和體會身體在運行中神經肌肉鬆緊的相互轉換。

在運動中進行試力練習就需要由定步試力和摩擦步相互協調搭配。由於活步試力是手和腳的同時移動，相對定步試力來說有很大的靈活性，同時也複雜了許多，如果基礎不紮實，在活步試力中就會體現出來，如摸勁的感覺不明顯，上下肢配合不協調等等，所以意拳身法訓練一定要有紮實的基本功。

當我們在細微緩慢地運動中體會到了渾圓飽滿之力感後，就要打破常規，變緩動為速動，大動為小動，即緩、速、大、小各種運動都要練習。進而可將各種節奏順序打亂，因為技擊不可能事先安排好再施以較量，其快慢緩急、閃展騰挪各種情況都可能遇到，所以，整個活步試力訓練的勁力節奏要以纏綿為主參以悠揚頓挫，以接近實戰的需要。

活步試力達到高級階段以後，無論其節奏變化如何，最後連「試力」二字也在意念中消失，即前人所謂：「力量在身外去求取，意念在無心中操持」，達到自然而然之境。

就如姚宗勳先生所說：「試力時，神態如空中旗，淵中魚。空中旗飄擺不定，惟風力是應；淵中魚形似微動，實則因波浪所動。」這句話就生動形象的描述了意拳身法的實質內涵。

（三）意拳實戰身法練習——變步發力

身法不僅僅只是指身體的移動，它是包括步法、手法在內的一種綜合性的訓練。所以，要想提高身法的實用性，必須將身法和步法、手法結合起來進行訓練，在練熟實戰步法和各種發力技術後，就要進行變步的發力訓練。所謂變步發力，就是將身法與各種實戰步法和發力技術相結合，使各種發力技術在身體周圍進行不同方向的突然發力。練習變步發拳，一開始用三成力即可。在鬆鬆的找勁中注意身體各部位的協調配合。每發一拳，下面的步法是否能跟上，後腳是否能踩上勁兒。變步發力不要只是向一個方向變步，前後、左右、進退、縱橫都要變。當然也不要總是不停地變，在變化的過程當中，可將雙手呈防守姿勢，進行防守性變步訓練。也可採用攻防結合的變步訓練，這時一定要加上「假想敵」意念。即自己周圍有無數毒蛇猛獸在虎視眈眈的注視自己，隨時都可能在不同的方向向自己進攻。此時自己一定要保持高度的警覺，精神狀態要高度激發，「遇敵猶如火燒身」。

這種訓練在意拳散手基本功中形象的比喻為「打鬼」，其訓練的目的就是要將各項基本功有機的結合在一起，在精神高度激發的狀態下，來培養自己身法的靈活性、協調性以及隨機應變和真打實鬥的臨戰意識，這就是意拳身法的實戰性訓練。身法訓練是為實戰做準備的，在實戰中得以應用是練習身法的真正意義所在。

三、意拳身法的特點

意拳身法的練習是以意拳各項基本功為基礎的。好的意拳身法實際上就是意拳各項基本功的綜合體現。所以說站樁、試力、走摩擦步和發力的基礎是否紮實直接影響著意拳身法的好壞。

具備紮實的基本功，一旦動起來周身都會意力飽滿，均整協調，舒適得力，意到力到，意力不分，進退、上下、開合、虛實等對立面不斷變化，形成鮮明的節奏感，鮮明的節奏本身就是一種美。而意拳身法將這種節奏演繹起來之後「靜若處子，動似騰蛟」，緩似閒庭信步舒展自然，動則如空中炸雷一觸即發，不僅神形兼備，且極具欣賞性；同時謹嚴無隙，又具備了極強的實戰性。

四、意拳身法在實戰中的作用

（一）能夠有效地調整距離

距離的調整在實戰中是很重要的，因為實戰時雙方都要力圖最有利的位置來保護自己，進攻對方，他們之間的距離是不斷變化的，這種變化需要身法來調整。

(二)夠有效的控制重心，使周身在各種情況下均能達到平衡

重心是人身體的「牛鼻子」，整個實戰過程就是如何破壞對方的重心和保護自己的重心。然而如果實戰中步子不靈活，移動遲緩，沒有好的身法，在實戰中就不能保持

自己的重心，重心保持不了，就會失去平衡，而導致失敗。所以說，只有靈活的身法才能應付實戰中的各種突發情況，應感而發，達到周身平衡。

(三)能保證攻防動作協調自如地進行

好的身法表現出來的舒展自然、嚴謹無隙、一觸即發等特徵，實際上就是周身神經肌肉高度協調均整的體現。神經肌肉的高度協調自然會促使各種攻防動作協調自如的進行。但是如果身法訓練不當，將會導致動作的僵硬不協調，甚至反映遲鈍，勁力不足，更不可能達到一觸即發的實戰要決。

五、意拳身法練習中所遵循的原則

(一)循序漸進性原則

意拳身法是站樁、試力、走步和發力等各項基本功的綜合體現。意拳身法的練習必須要具備紮實的基本功，否則就失去了其自身的特點——這就是始終以渾圓力作為其運動的內在動力。所以說，站樁中的「不動之動」，試力中的緩動和發力中的速動，都是在不同情況下對渾圓力的求取。而無論是「不動之動」、「緩動」還是「速動」，都是渾圓力在不同狀態下的表下形式。這些體現的形式是渾圓力產生的一個過程。意拳身法的訓練就是以這個過程為基礎的。而這個過程的訓練程式是極其系統的，一環扣一環，缺少或顛倒了那一環，都會嚴重影響身法練習的效果。所以說，身法的訓練一定要循序漸進。

(二)全方位訓練原則

身法是人體全身骨骼和肌肉活動的緊密結合，是以軀幹為主宰，在運動中作到上動下隨，貫通上下腳體的樞紐。是身體力量、速度以及靈敏性、協調性等素質的一種綜合體現。身法的訓練一定要和步法及各種技術結合起來進行訓練，才能起到一定的效果。當具備了一定效果以後，就要在實戰中去培養身法的功效，只有這樣才能達到身法訓練的實際意義和真正是目的。

第六節 意拳散手身體其他部位的基本技法

意拳散手在實戰時講究「全身之法以為法」，即是說意拳散手的技法不僅僅局限於拳頭和腳，在意拳的擊打技術中，除了拳頭、腿腳之外，還有頭、肩、肘、掌、胯、膝等身體的其他部位都可以訓練成進攻的武器。這時候我們可把身體比做一個打足了氣的球，無論你從哪個部位去拍擊它，球都可以迅速地將你頂回。

實際上，在意拳的技法中，除了拳和腿可做遠距離進攻外，身體其他部位都是近身纏抱時的最佳搏擊武器。其中，頭位於身體的最上部，當我們與對手摟抱在一起的時候，雙手臂都無法施展，這時最好的攻擊方法就是用自己的頭部去撞擊對手的臉部。

頭部攻擊的最大好處就是其隱蔽性大，往往能出其不

意，令對手防不勝防；再一種情況就是當自己與對手纏抱在一起，臉和臉部緊貼著，無法施展頭部發力時，還可以利用我們的肩部發力來撞擊對手；當對方的臀部緊貼自己的胯部時，胯部也可以成為進攻發力的武器。

需要注意的是，頭、肩和胯部發力只有和對手緊貼著身體，其他部位無法發力的時候才可以使用，如果在身體沒有緊貼在一起或是遊鬥中，切記不可使用此技法，那樣做就會暴露自己的身體空檔，給對方提供了機會。

當與對方身體糾纏得不很緊密時，可利用肘、掌、膝部的技法發力來解決問題。肘部技法發力在實戰搏擊中，最適合近距離攻擊的技術，肘部技法的運動能夠充分發揮肘部生理結構的攻擊力，能夠更好地發揮身體的力量，如果肘法的運動準確而有效的話，在實戰中它的威力是很大的。

掌法發力在意拳實戰技法中主要表現為劈掌和單雙掌的發力。劈掌主要分為正劈、側劈和環繞側劈，這三種劈掌主要是用來攻擊對手的上半身，主要是頭部、頸部和肋部；而單雙掌的發力主要是指抓住對方重心後掌部的發放之力。

膝部發力運用的最佳時機就是與對方摟抱在一起，突然起膝來猛然攻擊對方的腹部、肋部，或是用手摟住對方的脖頸猛然向下，同時快速起膝來撞擊對手的頭部。

在實戰中，膝部技法運用簡捷、快速、隱蔽、狠毒的特點，非常適合近距離的纏身搏鬥，一旦擊中對方可謂是必殺之技。

第七節 意拳散手技法中眼睛的訓練

在我們練習散手初期，有一個亟需解決的問題就是：當對方一出拳時，自己怎麼能夠控制住不由自主的眨眼的毛病。因為眼力眼法在實戰中有著非常重要的作用，眼力有測量本身與對手距離的作用，準確的目測能力與能否擊中、擊倒對手有很大的關係，只有距離、位置和攻擊時間估測準確，才能做到拳無虛發，重創對手。

意拳在技擊戰術上有所謂的「目光暗示」用法，即用目光或上或下，時左時右不停地有意識地微掃對方，有時可導致對方發生錯覺而產生判斷錯誤。用目光似電，威嚴逼人的注視，往往會使對方產生畏懼和不安。這些要在實戰中逐步摸索和培養。

下面介紹幾種眼睛訓練的方法。

（一）在意拳的站樁中進行眼睛的訓練。站樁中任何部位都有鬆緊的轉換，眼睛也不例外。眼睛的鬆緊收放訓練，是與平日樁中摸索渾圓力的鬆緊意念分不開的，是意拳周身整體訓練的一部分，所以一定要結合意拳樁法的摸勁同時去練。站樁時要將推、拉、開、合、提、栽大樹的意念與眼睛的訓練結合起來。例如做前後摸勁時，眼睛也隨著身體向前頂推大樹，眼神微動放遠；身體向後擠動大樹時，眼神似有把遠處的景物吸住、收回之意。這時你會感到隨著眼睛的鬆緊，周身的皮膚也會有鬆緊的反應。

在實戰訓練中，由觀察對方的眼神來瞭解對方是一個簡單而又有效的方法。缺乏實戰經驗的人，眼睛裏表現出來的是驚慌與不自信，身上鬆緊轉換就會失調，一旦動起來就會手忙腳亂，不知所措。因此在散手中，我們可以有意無意地看著對手，以維持全身放鬆，而在一瞬間我們又將全部的眼神盯住對方，從精神上給對方施加壓力。在搏擊中可看對方兩眼和中心線，也可看對方腳的位置，更可注視其全身，要在實踐中去摸索和靈活運用。

（二）可在平日經常用一條乾淨的毛巾慢慢地抽拍眼眶，不必用力，或用手掌距離眼睛尺許，向眼部輕輕拍來，不必接觸（亦可輕觸眼眶）。用毛巾或手掌抽打時，要儘量克制自己不眨眼，毛巾和手掌的抽打速度可靠先慢、手快，逐漸使眼睛養成觸及物體時，不眨眼的習慣。每日如有時間，可練習 5～10 分鐘。採用這樣的練習，很快能改變在散打中眨眼的不良條件反射。

（三）雙眼前視，頭部位置不動，眼球直向上移動，目盡力向上看（約 4～5 秒鐘）。隨即眼球盡力再直向下看（約 4～5 秒）。接著眼球再平行左右盡力看（左右約 4～5 秒鐘）。在上下、左右移動練習時，儘量以多看見目標為準，初習者可各練 30 次。

（四）輪眼。頭部位置不動，雙眼眼球盡力上看，接著沿著眼眶向左、向下、向右再向上旋轉眼球、一邊旋轉一邊看，旋轉一周為一次。接著再反方向，向右、向左、向上，邊旋轉邊看，轉到起勢位置為一次。旋轉時以儘量看到遠處的目標為準，鍛鍊眼睛用餘光遠看。

（五）平日多看些展翅飛翔的鳥、快速蹦跳的蟲，也

可以看淺水中快速游動的魚，隨其飄忽不定，鍛鍊眼神的靈活、敏捷、使大腦的反映變換加快，以利於在散手中準確判斷對手攻防的各種變化。

第4章 意拳散手的手靶和砂袋訓練

手靶和砂袋是拳擊訓練的重要組成部分，這兩種訓練器具在早期的意拳訓練中是沒有的。而在姚宗勳先生時代，姚老先生經過反覆實踐，逐漸發現如果能將意拳的發力和拳擊中擊打手靶與砂袋的訓練結合起來，會更好的提高訓練的質量。因為手靶的訓練可以提高拳法的準確性和速度，砂袋的訓練可以提高拳法的力量和擊打人體時拳頭的適應能力。

果然如姚先生所言，在 20 世紀 80 年代姚先生組織的意拳強化訓練中，就把手靶與砂袋的訓練和意拳的發力訓練結合起來，收到了意想不到的效果。這兩種器具不僅能夠很快的提高拳法的爆發力，而且在速度、協調性以及擊打的準確性等方面都能起到很好的訓練效果。

本章單就這兩項訓練進行詳細的闡述，旨在說明其訓練的重要性，讓更多的意拳愛好者重視並從中受益。

第一節 意拳拳法擊打手靶發力

一、擊打手靶的作用

拳法擊打手靶發力，是意拳散手的輔助練習。擊打手靶的作用主要有以下三個方面。

（一）拳法的發力掌握後，可以由擊打手靶來驗證是否在發力時，周身力量均整、協調，步法靈活多變，精神高度激發。

（二）在拳法擊打手靶發力時，力量要穿透，準確率要高。手靶的訓練可以有效地提高拳法的速度、擊打的準確性和維持身體在動態中的平衡。

（三）同時，擊打手靶又是體能素質鍛鍊的絕佳方法。

二、進行手靶訓練的計畫安排

（一）要合理的制訂運動員擊打手靶的訓練計畫，主要目的在於檢驗運動員擊打的技術是否正確，怎樣合理提高擊打的技術，怎樣提高身體的協調性等等。

（二）制訂能夠提高完整的進攻性擊打與提高反擊打能力的訓練計畫。

（三）根據實戰要求，制訂相應的組合動作的靶位練習。

（四）制訂能夠提高與培養正確擊打節奏的練習計

畫，如單擊、連擊、動作性擊打以及組合擊打等等。

制訂正確的手靶練習計畫，有利於運動員鞏固擊打技術，並能在實戰中應用與發揮，使所有的擊打發力動作更加的熟練與完善。

三、手靶訓練的主要方法

在意拳的拳法擊打手靶發力的練習中，主要分為固定手靶、直趟走步手靶、活動手靶和反應實戰手靶三種訓練方法。

(一)固定手靶練習

固定手靶訓練是要求教練員拿好手靶以固定姿勢站立不動，讓練習者保持意拳拳法的基本姿勢，對準靶心練習單拳或進行連續二拳和連續三拳的發力。這種訓練主要功能是提高練習者拳法擊打的準確性和的判斷出拳的距離感。

(二)直趟走步手靶練習

當固定手靶練習的熟練之後，就要進行直趟走步手靶練習了。這種練習在一定程度上增加了訓練的難度，是因為它將拳法擊打手靶發力和步法結合起來了。它要在身體移動中，在拳法和步法的相互協調配合下，來進行擊打準確性和距離感的訓練。

(三)變步活動手靶練習

當直趟走步手靶練習比較熟練之後，就要進入變步活動手靶的訓練了。這種練法要求教練員將手靶忽揚忽掩、

忽近忽遠、忽上忽下、忽左忽右，不斷地變換靶位和靶距；練習者則要始終保持基本的實戰間架，隨著靶位和靶距的變換，憑藉靈活的步法和身法，隨時調整自己與手靶的距離，並力求準確擊打手靶的靶心處。這種練法主要是提高出拳的速度、訓練練習者的反應速度和出拳的準確性和距離感。練習變步活動手靶要注意出拳的準確性和力量，同時要注意步法的快速變化，以保持自身重心的平衡。

(四)反應實戰手靶練習

反應實戰手靶是教練員和運動員進行的類似實戰的反應練習，主要是提高擊打能力和耐力反應速度。練習中運動員的拳頭不是對準教練員的身體或臉部，而是要對準教練員執出的手靶。教練員執什麼靶位，運動員就要打什麼樣的拳。如靶心向前就打直拳，靶心向左，就打右橫拳，靶心向右就打左橫拳，靶心向下就打上鑽拳，手靶放在腹部位置靶心向上就要擊打下栽拳等等。這種練法主要是提高反應的練習和增強實戰的意識。

四、手靶訓練的主要原則

練習手靶訓練的基本原則主要有由慢到快、由固定靶位到活動靶位、由活動靶位到實戰反應靶位。靶位距離由近距到中距，由中距至遠距，三種靶位距離不斷交替變換，逐漸增加難度，以提高運動員的練功效果和興趣。

(一)由慢到快原則

開始訓練時靶位停留的時間約 1 秒鐘左右，然後隨著

訓練程度的提高而逐漸縮短靶位的停留時間，以此來提高練習者的出拳速度和反應速度。

(二)由固定靶位到活動靶位的原則

在手靶的訓練中，要先進行固定靶位的練習，等固定靶位達到了一定的熟練成度之後，就要逐步過渡到移動手靶的擊打訓練之中。在移動手靶訓練時，揚出的靶位要使練習者不易捉摸到，揚出靶位在空中停留的時間要忽長忽短，以此來提高練習者的反應速度和判斷能力。

(三)靶距由近到遠的原則

先從練習者直拳容易擊到的距離開始，然後逐漸加長拳距或由近、中、遠三種拳距交替變換，以此來訓練練習者出拳的反應速度和出擊的距離感。

(四)揚空手靶的原則

當練習者的擊打拳靶技術熟練到一定程度之後，揚靶就可以虛實結合地進行。

例如在擊靶過程中，教練員揚出靶待練習者即將擊打的時候，卻突然將手靶收回，故意讓練習者擊空，以此來提高練習者維持身體重心平衡的能力。

五、手靶練習中應注意的幾個問題

（一）練習者要有出擊距離感和準確判斷距離的能力，要主動迎上去擊打手靶。

（二）練習者在擊打手靶過程中，要時刻根據教練員

的提醒，保持好基本的攻防實戰間架。在擊靶過程中不可把手隨意放下來，這樣會暴露防禦的空檔。如果練習者出現這種情況之後，教練員要用拳靶去擊打練習者的空隙之處。以此來提高練習者的防衛意識。

（三）教練員揚出的手靶，手掌、手腕和前臂呈直線，向前傾斜 30～45 度。手臂肌肉要放鬆，只是在受擊的一瞬間保持一定的緊張度。這樣不僅可以避免腕關節和肘關節過早產生疲勞，而且還可以緩解擊打過來的衝擊力。

六、意拳拳法擊打手靶發力練習

(一)定步拳法擊打手靶發力

1. 定步不直的直拳擊打手靶發力

（1）定步不直的直拳擊打手靶發力左式左直拳

雙方站立的步法為丁八步，甲方手形與不直的直拳起式相同。乙方左手持靶，靶心向前，高度約在雙方面部位置。（圖 4–1）

圖 4–1

甲方左手擊打手靶發力時，其意念活動、身體各部分的爭力，與定步不直的直拳左拳發力相同。擊手靶時，腕部微扣，用拳峰骨棱部擊打手靶，似有擊穿、擊透手靶之意。發力時，身體

圖 4-2

圖 4-3

重心為前七三，一發即止。（圖 4-2）

手形、身體重心仍回到前三後七起式。（圖 4-3）

定步右式右拳擊打手靶發力與定步左拳擊打手靶發力，其動作要領、意念要求相同。

（2）定步不直的直拳擊打手靶發力左式左右直拳

雙方站立的步法為丁八步、甲方手形與不直的直拳起式相同。乙方左手持靶，靶心向前，高度約在對方面部位置。（圖 4-4）

圖 4-4

甲方左、右拳擊打手靶發力時，其的意念活動、身體各部的爭力，與定步不直的直拳左、右拳發力相同。擊打手靶時，腕部微扣，用拳峰骨棱部擊打手靶發力，似有擊穿、擊透手靶之意。

圖 4–5

圖 4–6

圖 4–7

發力時，身體重心為前七後三，一發即止。（圖 4–5～6）手形、身體重心仍回到前三後七起式。（圖 4–7）

定步右式左、右拳擊打手靶發力，與定步左式左、右拳擊打手靶發力，其動作要領、意念要求相同。

（3）定步不直的直拳擊打手靶發力左式連續三直拳

雙方站立的步法為丁八步、甲方手形與不直的直拳起式相同。乙方左手持靶，靶心向前，高度約在對方面部位置。（圖 4–8）

甲方連續三拳擊打手靶發力時，其意念活動、身體各部的爭力，與左式定步不直的直拳連續三拳發力相同。擊打手靶時，腕部微扣，用拳峰骨棱部擊打手靶發力，似有

穿、擊透手靶之意。發力時，身體重心為前七後三，一發即止。（圖 4-9～11）手形、身體重心仍回到前三後七起式。（圖 4-12）定步右式連續三拳的打手靶發力與定步左式連續三拳擊打手靶發力，其動作要領、意念要求相同。

圖 4-8

圖 4-9

圖 4-10

圖 4-11

圖 4–12

圖 4–13

2. 定步鑽拳擊打手靶發力

（1）定步鑽拳擊打手靶發力左式左鑽拳

雙方站立的步法為丁八步、甲方手形與不直的直拳起式相同。乙方左手持靶，靶心向下，高度約在雙方眉部位置。（圖 4–13）

甲方左鑽拳擊打手靶發力時，其意念活動、身體各部的爭力，與定步左式左鑽拳發力相同。擊打手靶時，手臂內裹，拳頭上鑽，用拳峰骨棱部擊打手靶發力，似有擊穿、擊透手靶之意。發力時，身體重心為前七後三，一發即止。（圖 4–14）

圖 4–14

手形、身體重心仍回到前三後七起式。（圖 4–

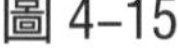
圖 4-15

圖 4-16

15）

定步右式右鑽拳擊打手靶發力與定步左式左鑽拳擊打手靶發力，其動作要領、意念要求相同。

（2）定步鑽拳擊打手靶發力左式左右鑽拳

圖 4-17

雙方站立的步法為丁八步，甲方手形與不直的直拳起式相同。乙方左手持靶，靶心向下，高度約在雙方眉部位置。（圖 4-16）

甲方左、右鑽拳擊打手靶發力時，其意念活動、身體各部的爭力，與定步左式左、右鑽拳發力相同。擊打手靶時，手臂內裹、拳頭上鑽，用拳峰骨棱部擊打手靶發力，似有擊穿、擊透手靶之意。發力時，身體重心為前七後三，一發即止。（圖 4-17～18）

圖 4-18

圖 4-19

手形、身體重心仍回到前三後七起式。（圖 4-19）

圖 4-20

定步右式左、右鑽拳擊打手靶發力，與定步左式左、右鑽拳擊打手靶發力，其動作要領、意念要求相同。

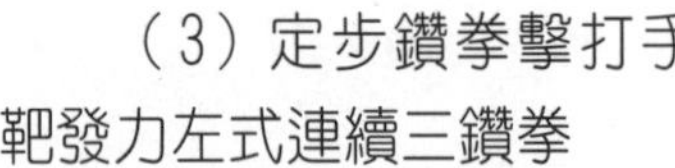

（3）定步鑽拳擊打手靶發力左式連續三鑽拳

雙方站立的步法為丁八步，甲方手形與不直的直拳起式相同。乙方在左手持靶，靶心向下，高度約在對方眉部位置。（圖 4-20）

甲方連續三鑽拳擊打手靶發力時，其意念活動、身體各部的爭力，與定步左式連續三鑽拳發力相同。擊打手靶時，手臂內裹、拳頭上鑽，用拳峰骨棱部擊打手靶發力，

似有擊穿、擊透手靶之意。發力時，身體重心為前七後三，一發即止。（圖 4–21～23）

手形、身體重心仍回到前三後七起式。（圖 4–24）

定步右式連續三鑽拳擊打手靶發力，與定步左式連續三鑽拳擊打手靶發力，其動作要領、意念要求相同。

圖 4–21

圖 4–22

圖 4–23

圖 4–24

3. 定步栽拳擊打手靶發力

（1）定步栽拳擊打手靶發力左式左栽拳

雙方站立的步法為丁八步，甲方手形與不直的直拳起式相同。乙方左手持靶，靶心向上，高度約在對方胃部位置。（圖 4–25）

甲方左栽拳擊打手靶發力時，其意念活動、身體各部的爭力，與定步左式左栽拳發力相同。擊打手靶時，肘部垂直吊起，用拳峰骨棱部擊打手靶發力，似有擊穿、擊透手靶之意。發力時，身體重心為前七後三，一發即止。（圖 4–26）

手形、身體重心仍回到前三後七起式。（圖 4–27）

定步右式，右栽拳擊打手靶發力與定步左式左栽拳擊打手靶發力，其動作要領、意念要求相同。

（2）定步栽拳擊打手靶發力左式左右栽拳

雙方站立的步法為丁八步，甲方手形與不直的直拳起

圖 4–25

圖 4–26

圖 4-27

圖 4-28

式相同。乙方左手持靶，靶心向上，高度約在對方胃部位置。（圖 4-28）

甲方左、右栽拳擊打手靶發力時，其意念活動、身體各部爭力，與定步左式左、右栽拳發力相同。擊打手靶時，肘部垂直吊起，用拳峰骨棱部擊打手靶發力，似有擊穿、擊透手靶之意。發力時，身體重心前七後三，一發即止。（圖 4-29～30）

圖 4-29

圖 4-30

圖 4-31　　　　圖 4-32

手形、身體重心仍回到前三後七起式。（圖 4-31）

定步右式左、右栽拳擊打手靶發力與定步左式左、右栽拳擊打手靶發力，其動作要領、意念要求相同。

（3）定步栽拳擊打手靶發力左式連續三栽拳

雙方站立的步法為丁八步、甲方手形與不直的直拳起式相同。乙方左手持靶，靶心向上，高度約在對方胃部位置。（圖 4-32）

甲方連續三拳擊打手靶發力時，其意念活動、身體各部的爭力，與定步左式連續三栽拳發力相同。擊打手靶時，腕部內裹，用拳峰骨棱部擊打手靶發力，似有擊穿、擊透手靶之意。發力時，身體重心為前七後三，一發即止。（圖 4-33～35）

手形、身體重心仍回到前三後七起式。（圖 4-36）

定步右式連續三栽拳擊打手靶發力，與定步左式連續三栽拳擊打手靶發力，其動作要領、意念要求相同。

圖 4-33

圖 4-34

圖 4-35

圖 4-36

4. 定步橫拳擊打手靶發力

（1）定步橫拳擊打手靶發力左式左橫拳

雙方站立的步法為丁八步，甲方手形與不直的直拳起式相同。乙方左右手持靶，高度約在對方肩部位置。（圖 4-37）

圖 4–37

圖 4–38

靶心相對，相距約五至六拳。甲方左橫拳擊打手靶發力時，其意念活動、身體各部的爭力，與定步左式左橫拳發力相同。擊打手靶時，腕部內裹，用拳峰骨棱部擊打手靶發力，似有擊穿、擊透手靶之意。發力時，身體重心為前七後三，一發即止。（圖 4–38）

手形、身體重心仍回到前三後七起式。（圖 4–39）

圖 4–39

定步右式右橫拳擊打手靶發力，與定步左式左橫拳擊打的發力，其動作要領、意念要求相同。

（2）定步橫拳擊打手靶發力左式左右橫拳

雙方站立的步法為丁八步，甲方手形與不直的直拳起式相同。乙方左、右手持靶，高度約在對方肩部位置。（圖4-40）

靶心相對，相距約五至六拳。甲方左、右橫拳擊打手靶發力時，其意念活動、身體各部的爭力，與定步左式左、右橫拳發力相同。擊打手靶時，腕部內裹，用拳峰骨稜部擊打手靶發力，似有擊穿、擊透手靶之意。發力時，身體重心為前七後三，一發即止。（圖 4-41～42）

手形、身體重心仍回前三後七起式。（圖 4-43）

定步右式左右橫拳擊打手靶發力，與定步左式左、右

圖 4-40

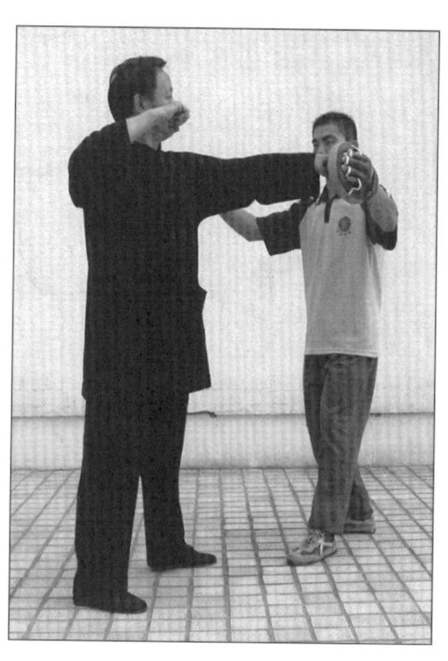

圖 4-41

圖 4-42

圖 4-43

橫拳擊打手靶發力，其動作要領、意念要求相同。

（3）定步橫拳擊打手靶發力左式連續三橫拳

雙方站立的步法為丁八步，甲方手形與不直的直拳起式相同。乙方在左、右手持靶，高度約在對方肩部位置。（圖 4-44）

圖 4-44

靶心相對，相距約五至六拳。甲方連續三拳擊打手靶發力時，其意念活動、身體各部的爭力，與定步左式

圖 4–45

圖 4–46

連續三橫拳發力相同。擊打手靶時，腕部內裹，用拳蜂骨棱部擊打手靶發力，似有擊穿、擊透手靶之意。發力時，身體重心為前七後三，一發即止。（圖 4–45～47）

手形、身體重心仍回到前三後七起式。（圖 4–48）

定步右式連續三橫拳擊打手靶發力，與定步左式連續三橫拳擊打手靶發力，其

圖 4–47

圖 4-48

圖 4-49

動作要領、意念要求相同。

(二)走步拳法擊打手靶發力

1. 走步不直的直拳擊打手靶發力

（1）走步不直的直拳擊打手靶發力左式左直拳

雙方站立的步法為丁八步，甲方手形與不直的直拳起式相同，乙方左手持靶，靶心向前，高度約在對方面部位置。（圖 4-49）

甲方左腳向前滑步，左拳擊打手靶發力時，其步法行進的路線、意念活動、身體各部的爭力要求，與走步左式不直的直拳左拳發力相同。在甲方向前滑步時，乙方左手持靶，同時以相等距離，右腳後退，前腳回跟，為丁八步

圖 4-50

圖 4-51

圖 4-52

圖 4-53

站立。（圖 4-51～52）

發力後，與走步左式左拳擊打手靶發力起式相同。（圖 4-53）

（2）走步不直的直拳擊打手靶發力左式左右直拳

雙方站立的步法，甲方握拳的姿勢與不直的直拳起式相同，乙方左手靶的位置均不變。（圖 4-54）

圖 4-54

圖 4-55

圖 4-56

圖 4-57

甲方走步左、右拳擊打手靶發力時，其步法行進的路線、意念活動、身體各部的爭力與走步不直的直拳左、右拳發力的原則要領相同。甲方連續進步左、右拳擊打手靶發力時，乙方左手持靶，同時連續以相等的距離，右腳後退，前腳回跟為丁八步站立。（圖 4-55～58）

發力後，與走步左式左拳擊打手靶發力起式相同。

圖 4-58

圖 4-59

（圖 4-59）

（3）走步不直的直拳擊打手靶發力左式走一步連續三直拳

圖 4-60

雙方站立的步法，甲方握拳的姿勢與不直的直拳起式相同。乙方左手持靶的位置均不變。（圖 4-60）

甲方走一步，左拳、右拳又回至左拳擊打手靶的發力。其步法行進的路線、意念活動、身體各部的爭力，與走步不直的直拳、走一步三拳發力的原則要領相同。甲方走一步三拳擊打手靶發力時，乙方左手持靶，同時以相等的距離，右腳後退，前腳回跟為丁八步站立。（圖 4-61～63）

發力後，與走步左式左拳擊打手靶發力起式相同。

圖 4-61

圖 4-62

圖 4-63

圖 4-64

（圖 4-64）

（4）走步不直的直拳擊打手靶發力左式走三步連續三直拳

雙方站立的步法，甲方握拳的姿勢與不直的直拳起式相同，乙方左手持靶的位置均不變。（圖 4-65）

甲方走三步。連續三拳擊打手靶發力時，其步法行進

圖 4-65

圖 4-66

圖 4-67

圖 4-68

的路線、意念活動，身體各部的爭力，與走步不直的直拳走三步三拳發力的原則要領相同。甲方走三步三拳擊打手靶發力時，乙方左手持靶，同時連續以相等的距離，右腳後退，前腳回跟為丁八步站立。（圖 4-66～68）

發力後，與走步左式左拳擊打手靶發力起式相同。（圖 4-69）

圖 4-69

圖 4-70

2. 走步鑽拳擊打手靶發力

（1）走步鑽拳擊打手靶發力左式左鑽拳

雙方站立的步法為丁八步，甲方手形與左式不直的直拳起式相同。乙方左手持靶，靶心向下，高度約在對方眉部位置。（圖 4-70）

圖 4-71

甲方走一步左鑽拳擊打手靶發力時，其步法行進的路線、意念活動、身體各部的爭力，與走一步左式左鑽拳發力相同。在甲方向前滑步時，乙方左手持靶，同時以相等距離，右腳後退，前腳回跟為丁八步站立。（圖 4-71～73）

圖 4-72

圖 4-73

發力後，與走步左式左鑽拳擊打手靶發力起式相同。（圖 4-74）

（2）走步鑽拳擊打手靶發力左式左右鑽拳

雙方站立的步法為丁八步，甲方手形與不直的直拳起式相同。乙方左手持靶，靶心向下，高度約在對方眉部位置。（圖 4-75）

圖 4-74

圖 4-75

甲方走步左、右鑽拳擊打手靶發力時，其步法行進的路線、意念活動、身體各部的爭力，與走步左式左、右鑽拳發力相同。甲方連續進步左、右鑽拳發力時，乙方左手持靶，同時連續以相等的距離，右腳後退，前腳回跟為丁八步站立。（圖 4–76～79）

圖 4–76

圖 4–77

圖 4–78

圖 4–79

發力後，與走步左式左鑽拳擊打手靶發力起式相同。（圖 4–80）

（3）走步鑽拳擊打手靶發力左式走一步連續三鑽拳

雙方站立的步法為丁八步、甲方手形與不直的直拳起式相同。乙方左手持靶，靶心向下，高度約在對方眉部位置。（圖 4–81）

甲方走一步，左拳右拳又回至左拳擊打手靶的發力。其步法行進的路線，其意念活動、身體各部的爭力，與走一步三鑽拳發力的原則要領相同。甲方走一步三鑽拳發力時，乙方左手持靶，同時以相等的距離，右腳後退，前腳回跟為丁八步站立。（圖 4–82～84）

圖 4–80

圖 4–81

圖 4–82

圖 4-83

圖 4-84

發力後，與走步左式左鑽拳擊打手靶發力起式相同。（圖 4-85）

（4）走步鑽拳擊打手靶發力左式走三步連續三鑽拳

雙方站立的步法為丁八步、甲方手形與不直的直拳起式相同。乙方左手持靶，靶心向下，高度約在對方眉部位置。（圖 4-86）

圖 4-85

圖 4-86

甲方走三步三鑽拳擊打手靶發力時，其步法行進的路線、意念活動、身體各部的爭力，與走一步左式左鑽拳發力相同。甲方走三步三拳擊打後靶發力時，乙方左手持靶，同時連續以相等的距離，右腳後退，前腳回跟為丁八步站立。（圖 4–87～89）

發力後，與走步左式左拳擊打手靶發力起式相同。（圖 4–90）

圖 4–87

圖 4–88

圖 4–89

圖 4–90

3. 走步栽拳擊打手靶發力

（1）走步栽拳擊打手靶發力左式左栽拳

雙方站立的步法為丁八步，甲方手形與不直的直拳起式相同。乙方左手持靶，靶心向上，高度約在對方胃部位置。（圖 4–91）

甲方走步、左栽拳擊打手靶發力時，其步法行進的路線、意念活動、身體各部的爭力，與走步左式、左栽拳發力相同。在甲方向前滑步時，乙方左手持靶，同時以相等距離，右腳後退，前腳回跟為丁八步站立。（圖 4–92～94）

圖 4–91

圖 4–92

圖 4–93

圖 4-94

圖 4-95

發力後，與走步左式左栽拳擊打手靶發力起式相同。（圖 4-95）

（2）走步栽拳擊打手靶發力左式左右栽拳

雙方站立的步法為丁八步，甲方手形不直的直拳起式相同。乙方左手持靶，靶心向上，高度約在對方胃部位置。（圖 4-96）

圖 4-96

甲方走步左、右栽拳擊打靶發力時，其步法進行的路線、意念活動、身體各部的爭力，與走步左式左，右栽拳發力相同。甲方連續進步左右栽拳發力時，乙方左手持靶，同時連續以相等的距離，右腳後退，前腳回跟為丁八步站立。（圖 4-97～100）

圖 4-97

圖 4-98

圖 4-99

圖 4-100

發力後，與走步左式左栽拳擊打手靶發力起式相同。（圖 4-101）

（3）走步栽拳擊打手靶發力走一步連續三栽拳

雙方站立的步法為丁八步，甲方手形與不直的直拳起式相同。乙方左手持靶，靶心向下，高度約在對方胃部位置。（圖 4-102）

圖 4-101

圖 4-102

圖 4-103

圖 4-104

甲方進一步，左、右栽拳又回至左栽拳擊打手靶的發力。其步法行進的路線、意念活動、身體各部的爭力，與走一步三栽拳發力的原則要領相同。甲方走一步三栽拳發力時，乙方左手持靶，同時以相等的距離，右腳後退，前腳回跟為丁八步站立。（圖 4-103～105）

發力後，與走步左式左栽拳擊打手靶發力起式相同。（圖 4-106）

圖 4-105

圖 4-106

（4）走步栽拳擊打手靶發力左式走三步連續三拳

雙方站立的步法為丁八步，甲方手形與不直的直拳起式相同。乙方左手持靶，靶心向上，高度約在對方胃部位置。（圖 4-107）

甲方走三步，連續三栽拳擊打手靶發力時，其步法行進的路線、意念活動，身體各部的爭力，與走三步三栽拳發力的原則要領相同。甲方走三步三栽拳發力時，乙方左手持靶，同時連續以相等的距離，右腳後退，前腳回跟為丁八步站立。（圖 4-108～110）

發力後，與走步左式左栽拳擊打手靶發力起式相同。（圖 4-111）

圖 4-107

圖 4-108

圖 4-109

圖 4-110

圖 4-111

4. 走步橫拳擊打手靶發力

（1）走步橫拳擊打手靶發力左式左橫拳

雙方站立的步法為丁八步，甲方手形與不直的直拳起式相同。乙方左手持靶，高度約在對方肩部位置。靶心相對，相距約 5～6 拳。（圖 4-112）

甲方走步左橫拳擊打手靶發力時，其步法行進的路線、意念活動，身體各部的爭力，與走步左式左橫拳發力相

圖 4-112

圖 4-113

圖 4-114

圖 4-115

同。在甲方向前滑步時，乙方左手持靶，同時以相等距離，右腳後退，前腳回跟為丁八步站立。（圖 4-113～115）

發力後，與走步左式左橫拳擊打手靶發力起式相同。（圖 4-116）

（2）走步橫拳擊打手靶發力左式左右橫拳

雙方站立的步法為丁八步，甲方手形與不直的直拳起式相同。乙方左、右手持靶，高度約在對方肩部位置。靶

心相對，相距約 5～6 拳。（圖 4–117）

甲方走步左橫拳擊打左靶，右橫拳擊打右靶發力時，其步法行進的路線、意念活動、身體各部的爭力，與走步左式左、右橫拳發力相同。

甲方連續進步左、右橫拳發力時，乙方左、右手持靶，同時連續以相等的距離，右腳後退，前腳回跟為丁八步站立。（圖 4–118～121）

圖 4–116

圖 4–117

圖 4–118

圖 4–119

圖 4-120

圖 4-121

發力後，與走步左式左橫拳擊打手靶發力起式相同。（圖 4-122）

（3）走步橫拳擊打手靶發力左式走一步連續三橫拳

雙方站立的步法為丁八步，甲方手形與不直的直拳起式相同。乙方左、右手持靶，高度約在對方肩部位置。靶心相對，相距約 5～6 拳。（圖 4-123）

圖 4-122

圖 4-123

甲方走一步，左橫拳擊打左靶，右橫拳擊打右靶又回至左橫拳擊打左靶的發力路線、意念活動，身體各部的爭力，與走一步三橫拳發力的原則要領相同。甲方走一步，三橫拳擊打手靶發力時，乙方左、右手持靶，同時以相等的距離，右腳後退，前腳回跟為丁八步站立。（圖 4-124～126）發力後，與走步、左式左橫拳擊打手靶起式相同。（圖 4-127）

圖 4-124

圖 4-125

圖 4-126

圖 4-127

（4）走步橫拳擊打手靶發力左式走三步連續三橫拳

雙方站立的步法丁八步、甲方手形與不直的直拳起式相同。乙方左、右手持靶，高度約在對方肩部位置。靶心相對，相距約五至六拳。（圖 4-128）

甲方走三步，連續三橫拳擊打手靶發力時，其步法行進的路線、意念活動、身體各部的爭力，與走一步左式左橫拳發力相同。甲方走三步三拳擊打手靶發力時，乙方左、右手持靶，同時連續以相等的距離，右腳後退，前腳回跟為丁八步站立。（圖 4-129～131）

發力後，與走步左式左橫拳擊打手靶發力起式相同。（圖 4-132）

圖 4-128

圖 4-129

圖 4-130

圖 4-131

圖 4-132

第二節 意拳拳法擊打砂袋發力

一、意拳拳法擊打砂袋概述

意拳拳法擊打砂袋訓練是意拳散手的輔助訓練，它不但是身法、步法、拳法等各項基本功的訓練，而且還是提高肌肉爆發力、體能素質和手指腕部承受巨大撞擊能力的訓練。當然如果我們只用打砂袋來代替意拳各項基本功訓練，那可就與練習意拳背道而馳了。

意拳強調以精神假借，意念誘導來統帥肢體訓練，利用意念活動使全身建立爭力，其各項基本功的訓練就是要把我們在基本功中培養的渾圓力運用在實戰中，最大限度的發揮本身內在的能量和潛力去打擊對手。所以，練習打砂袋一定要在具有了較紮實的基本功之後方可進行。

二、意拳拳法擊打砂袋的要求

(一)技術動作規範性

初習打砂袋可採用丁八步拳法，練習時動作要慢些，少用力，放鬆去打。在拳峰骨棱處接觸砂袋的瞬間，打擊手要猛然攥緊發力打擊砂袋，防護手同時攥緊向後與前手撕拉相爭，發力，周身肢體各部位間驟然整體相互爭力，周身鼓蕩，猛然發力，一發即止，一緊即鬆，意念要求瞬間力透砂袋身體的力量如有彈簧，能夠連續不斷反覆擊打。每打一拳，都要細心體會和琢磨自己擊打砂袋的姿勢和內在意念要求，內在的爭力要求，是否與練習空發拳時的要求一樣。

(二)精神意識的真切性

在打砂袋時，一定要意念假借砂袋就是你的敵人，是你的對手，他時刻都要對你進行襲擊，這時你的精神狀態一定要高度警惕，要注意拳法、步法、身法等身體姿勢的正確性。要打中有防，防中有打，一定要把砂袋當作你的敵人來進行實練。

(三)擊打力量的合理性

要注意打砂袋時，擊打力量的大小還在於出擊的速度。拳掌在接觸砂袋的瞬間，時間越短促擊打的效果就越好，同時擊打的瞬間力量要有穿透、擊碎之意。高水準的

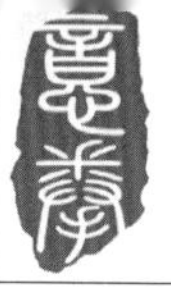

擊打效果應該是當拳頭接觸砂袋的瞬間，砂袋反映出來的是高度的震顫，而不是搖擺晃動。

而一旦砂袋出現搖擺晃動現象，則說明擊打的方式不正確或拳頭接觸砂袋時間過長。這種擊打就不是穿透力了，而是推擊砂袋的推撞力。

姚宗勳先生曾講：意拳在實作對抗中，高水準者與對手交戰時，往往只要一拳擊中對手，就應該使對手瞬間喪失戰鬥力而癱倒在地。有的人一拳能將對方掀翻丈外，看起來好像很重，其實是作用力不大的表現。可見推擊力與穿透力之間有著明顯不同的效果。

三、意拳拳法擊打砂袋練習的程式

（一）初學者首先要練習單拳擊打砂袋，擊打速度不要過快，用二三分的力去打即可。待熟練以後，可逐漸增加擊打的速度和力量。

（二）在練習後手拳擊打砂袋時，其姿勢的要求、意念的要求、動作的協調、內在爭力的要求、增加打砂袋力量的要求，與前手拳要求一樣。

（三）在練習左右手擊打砂袋的時候，一定要時刻注意每個動作及各項要求，都要與你平時練習出拳的基本功要求一樣，多一份細心與嚴謹就會多一份收穫和進步。

（四）在定步的左右拳練習熟練之後，就可進行環繞步的單拳和左右拳訓練了。

（五）熟練之後緊跟著就是左右拳前後及左右拳變步的擊打砂袋訓練。意拳拳法擊打砂袋練習的變化大概有十幾種之多。

四、意拳拳法擊打砂袋的注意事項

（一）首先要絕對禁止胡打蠻幹。初學者首先要掌握意拳的四種拳法正確出拳的姿勢和內在的意念要求，保持周身上下協調，千萬不要盲目地不顧一切地去打，忘掉了正確的出拳姿勢和內在意念要求、動作的協調和內在的爭力要求，否則形成了錯誤的習慣，再返工糾正就很困難了。

（二）意拳在進行打砂袋練習時，一定要學會怎樣去製作砂袋。要儘量選用與人體結構近似的材料，要富有彈性，質地鬆軟，而砂袋內心要稍微硬一些。千萬不可把砂袋全部裝上真沙子等硬物，去盲目拼命地擊打，這不僅對實戰毫無用處，還會使拳頭受傷。要知道擊打硬物與擊打人體的感覺是截然不同的。

（三）意拳拳法擊打砂袋的練習，一定要由淺入深、循序漸進，練好打砂袋不是朝夕之事，而要持之以恆，要有悟性的結合意拳的基本功去苦練巧練。

五、意拳拳法擊打砂袋練習

(一)定步拳法擊打砂袋

1. 定步不直的直拳擊打砂袋發力

（1）定步不直的直拳擊打砂袋發力左式左直拳

站立的步法、手形與直拳起式相同。（圖 4–133）

擊打砂袋發力時，意念活動、身體各部的爭力，與定步不直的直拳左拳發力相同，擊打砂袋時，腕部微扣，用

圖 4-133　圖 4-134　圖 4-135

拳峰骨棱部擊打砂袋發力，似有擊穿、擊透砂袋之意。發力時，身體重心為前七後三，一發即止。（圖 4-134）

手形、身體重心仍回到前三後七起式。（圖 4-135）

定步右式三拳擊打砂袋發力與定步左式左拳擊打砂袋發力，其動作要領、意念要求相同。

圖 4-136

（2）定步不直的直拳擊打砂袋發力左式左右直拳

站立的步法、手形與不直的直拳起式相同。（圖 4-136）

左拳右拳擊打的砂袋發力，其意念活動、身體各部的爭力，與定步不直的直拳左、右拳發力相同。擊打砂袋時，腕部微扣，用拳峰骨棱部擊打砂袋發力，似有擊穿、

圖 4-137　　圖 4-138　　圖 4-139

擊透砂袋之意。發力時，身體重心為前七後三，一發即止。（圖 4-137～138）

手形、身體重心仍回到前三後七起式。（圖 4-139）

定步右式、左右拳擊打砂袋發力，與定步左式左、右拳擊打砂袋發力，其動作要領、意念要求相同。

（3）定步不直的直拳擊打砂袋發力左式連續三直拳

站立的步法、手形與不直的直拳的相同。（圖 4-140）

連續三拳擊打砂袋發力，其意念活動、身體各部的爭力與左式定步不直的直拳，連續三拳發力相同。擊打砂袋時，腕部微扣，用拳峰骨棱部擊打砂袋發力，似有擊穿、擊透砂袋之意。發力時，身體重心前七後三，一發即止。（圖 4-141～143）

手形、身體重心仍回到前三後七起式。（圖 4-144）

定步右式連續三拳擊打砂袋發力與定步左式連續三拳擊打砂袋發力，其動作要領、意念要求相同。

圖 4-140　　圖 4-141　　圖 4-142

圖 4-143　　圖 4-144　　圖 4-145

2. 定步鑽拳擊打砂袋發力

（1）定步鑽拳擊打砂袋發力左式左鑽拳

站立的步法、手形與不直的直拳起式相同。（圖 4-145）

左拳擊打砂袋發力時，意念活動、身體各部的爭力，與定步左式左鑽拳發力相同。擊打砂袋時，腕部微扣，用

圖 4–146 圖 4–147 圖 4–148

拳峰骨棱部擊打砂袋發力，似有擊穿、擊透砂袋之意。發力時，身體重心為前七後三，一發即止。（圖 4–146）

手形、身體重心仍回到前三後七起式。（圖 4–147）

定步右式右鑽拳擊打砂袋發力與定步左式左鑽拳擊打砂袋發力，其動作要領、意念要求相同。

（2）定步鑽拳擊打砂袋發力左式左右鑽拳

站立的步法、手形與不直的直拳起式相同。（圖4–148）

左、右鑽拳擊打砂袋發力時，意念活動、身體各部的爭力，與定步左式左、右鑽拳發力相同。擊打砂袋時，腕部微扣，用拳峰骨棱部擊打砂袋發力，似有擊穿、擊透砂袋之意。發力時，身體重心為前七後三，一發即止。（圖 4–149～150）

手形、身體重心仍回到前三後七起式。（圖 4–151）

定步右式左右鑽拳擊打砂袋發力，與定步左式左、右鑽拳關擊打砂袋發力，其動作要領、意念要求相同。

圖 4-149　　圖 4-150　　圖 4-151

（3）定步鑽拳擊打砂袋發力左式連續三鑽拳

站立的步法、手形與不直的直拳起式相同。（圖 4-152）

連續三鑽拳擊打砂袋發力時，意念活動、身體各部的爭力，與定步左式連續三鑽拳發力相同。擊打砂袋時，腕部微扣，用拳峰骨棱部擊打砂袋發力，似有擊穿、擊透砂袋之意。發力時，身體重心為前七後三，一發即止。（圖 4-153～155）

手形、身體重心仍回前三後七起式。（圖 4-156）

圖 4-152　　圖 4-153

圖 4-154　　圖 4-155　　圖 4-156

定步右式連續三鑽拳擊打砂袋發力，與定步左式連續三鑽拳擊打砂袋發力的動作要領、意念要求均相同。

3. 定步栽拳擊打砂袋發力

（1）定步栽拳擊打砂袋發力左式左栽拳

站立的步法、手形與不直的直拳起式相同。（圖 4-157）

左栽拳擊打砂袋發力時，意念活動、身體各部的爭力，與定步左式左栽拳發力相同。擊打砂袋時，腕部微扣，用拳峰骨棱部擊打砂袋發力，似有擊穿、擊透砂袋之意。發力時，身體重心為前七後三，一發即止。（圖 4-158）

手形、身體重心仍回到前三後七起式。（圖 4-159）

定步右式右栽拳拳擊打砂袋發力，與定步左式左栽拳擊打砂袋發力，其動作要領、意念要求相同。

圖 4-157　　圖 4-158　　圖 4-159

（2）定步栽拳擊打砂袋發力左式左右栽拳

站立的步法、手形與不直的直拳起式相同。（圖 4-160）

圖 4-160

左、右栽拳擊打砂袋發力時，意念活動、身體各部的爭力，與定步左式左、右栽拳發力相同。擊打砂袋時，腕部微扣，用拳峰骨棱部擊打砂袋發力，似有擊穿、擊透砂袋之意。發力時，身體重心為前七後三，一發即止。（圖 4-161～162）

手形、身體重心仍回到前三後七起式。（圖 4-163）

定步右式左、右栽拳擊打砂袋發力，與定步左式、右栽拳擊打砂袋發力，其動作要領、意念要求相同。

圖 4-161　　圖 4-162　　圖 4-163

（3）定步栽拳擊打砂袋發力左式連續三栽拳

站立的步法、手形與不直的直拳起式相同。（圖 4-164）

連續三栽拳擊打砂袋發力時，意念活動、身體各部的爭力與定步左式連續三栽拳發力相同。擊打砂袋時，腕部微扣，用拳峰骨棱部擊打砂袋發力，似有擊穿、擊透砂袋之意。發力時，身體重心為前七後三，一發即止。（圖 4-165～167）

手形、身體重心仍回到前三後式起式。（圖 4-168）

定步右連續三栽拳擊打砂袋發力，與定步左式連續三栽拳擊打砂袋發力，其動作要領、意念要求相同。

4. 定步橫拳擊打砂袋發力

（1）定步橫拳擊打砂袋發力左式左橫拳

站立的步法、手形與不直的直拳起式相同。（圖 4-169）

圖 4-164　　圖 4-165　　圖 4-166

圖 4-167　　圖 4-168　　圖 4-169

左橫拳擊打砂袋發力時，意念活動、身體各部的爭力，與定步左式左橫拳發力相同。擊打砂袋時，腕部微扣，用拳峰骨棱部擊打砂袋發力，似有擊穿、擊透砂袋之意。發力時，身體重心為前七後三，一發即止。（圖 4-170）

手形、身體重心仍回到前三七起式。（圖 4-171）

圖 4–170　　圖 4–171　　圖 4–172

（2）定步橫拳擊打砂袋發力左式左右橫拳

站立的步法、手形與不直的直拳起式相同。（圖 4–172）

左、右橫拳擊打砂袋發力時，意念活動、身體各部的爭力，與定步左式左、右橫拳發力相同。擊打砂袋時，腕部微扣，用拳峰骨棱部擊打砂袋發力，似有擊穿、擊透砂袋之意。發力時，身體重心為前七後三，一發即止。（圖 4–173～174）

手形、身體重心仍回到前三後七起式。（圖 4–175）

定步右式左、右橫拳擊打砂袋發力，與定步左式左、右橫拳擊打砂袋發力，其動作要領、意念要求相同。

（3）定步橫拳擊打砂袋發力左式連續三橫拳

站立的步法、手形與不直的直拳起式相同。（圖 4–76）

連續三橫拳擊打砂袋發力時，意念活動、身體各部的爭力，與定步左式連續三橫拳發力的相同。擊打砂袋時，

圖 4–173　　圖 4–174　　圖 4–175

圖 4–176　　圖 4–177　　圖 4–178

腕部微扣，用拳峰骨棱部擊打砂袋發力，似有擊穿、擊透砂袋之意。發力時，身體重心為前七後三，一發即止。（圖 4–177～179）

手形、身體重仍回到前三後七起式。（圖 4–180）

定步右式連續三橫拳擊打砂袋發力，與定步左式連續三橫拳擊打砂袋發力，其動作要領、意念要求相同。

圖 4-179　　圖 4-180

三、走步拳法擊打砂袋發力

(一)走步不直的直拳擊打砂袋發力

1. 走步不直的直拳擊打砂袋發力左式左直拳

站立的步法、手形與不直的直拳起式相同。擊打砂袋的高度約為臉部位置，左腳，左拳，距砂袋約一個半腳掌長度，左腳行進的路線，以環繞步、步法轉圈圍打。（圖4-181）

走步左拳擊砂袋發力時，首先，右腳下踩、前蹬、上站，催動身體與左腳，向左前外方滑步，約一個半腳掌距離時，向內扣步。腳掌猛然下踩、上站、右腳隨即微微提起，與身體向右後順時針轉體，就在左腳掌踩地、上站的瞬間，左拳猛然前伸，腕部微扣，用拳峰骨棱部，擊打砂袋，似有擊穿、擊透砂袋之意。發力時，雙拳、雙臂的力

圖 4-181　　圖 4-182　　圖 4-183

量相爭，身體各部分力量的相爭，與走步不直的直拳左式左拳發力原則要領相同。（圖 4-182）

左拳發力時，身體重心在左腳掌上。右腳隨即跟步，呈丁八步站立。一發即止，身體重心為前三後七，步法、手形與走步不直的左直拳發力起式相同。（圖 4-183）

2. 走步不直的直拳擊打砂袋發力左式左右直拳

站立的步法、手形與定步不直的直拳左拳擊打砂袋起式相同。（圖 4-184）

走第一步左拳擊打砂袋發力同，與走步不直的直拳左式左拳擊打砂袋發力相同。（圖 4-185）

右拳擊打砂袋發力時，左腳下踩、前蹬、上站，催動身體與左腳向左前外方滑步，約一個半腳掌距離時，向內扣步。腳掌猛然下踩、上站、右腳隨即微微提起，身體向左前外方轉體，就在左腳踩地、上站的瞬間，右拳猛然前伸，腕部微扣，用拳峰骨棱部擊打砂袋，似有擊穿、擊透

圖 4-184　　圖 4-185　　圖 4-186

砂袋之意。發力時，雙拳、雙臂的力量相爭，身體各部力量的相爭，與走步不直的直拳左式右拳發力原則要領相同。右拳發力時，身體重心在左腳掌上。（圖 4-186）

右腳隨即跟步，呈丁八步站立。一發即止，身體重心為前三後七，步法、手形與定步不直的左直拳發力起式相同。（圖 4-187）

3. 走步不直的直拳擊打砂袋發力左式走一步連續三直拳

站立的步法、手形與定步不直的直拳左拳擊打砂袋起式相同。（圖 4-188）

走一步左拳擊打砂袋發力、同走步不直的直拳左式左拳擊打砂袋發力相同。（圖 4-189）

右拳擊打砂袋發力，又回至左拳擊打砂袋發力，與走一步左式不直的直拳三拳發力右拳又回至左拳發力相同。其意念活動、身體的各部爭力，與走一步不直的直拳三拳發

圖 4-187　　圖 4-188　　圖 4-189

圖 4-190　　圖 4-191　　圖 4-192

力相同。（圖 4–190～192）

4. 走步不直的直拳擊打砂袋發力左式走三步連續三直拳

站立的步法、手形與定步不直的直拳左拳擊打砂袋起式相同。（圖 4–193）

第一步左拳、第二步右拳擊打砂袋發力。其步法行進

圖 4-193　　圖 4-194　　圖 4-195

的路線、意念活動、身體各部的爭力，與走步不直的直拳左、右拳擊砂袋發力，原則要領相同。（圖 4-194～195）

第三拳左拳擊打砂袋發力時，右後腳下踩、前蹬、上站，催動身體與左腳，向右前方滑步，約一個半腳掌距離時，向內扣步。腳掌猛然下踩、上站、右腳隨即微微提起，與身體向右後順時針轉體，就在左腳掌踩地、上站的瞬間，左拳猛然前伸，腕部微扣，用拳峰骨棱部，擊打砂袋似有擊穿、擊透之意。發力時，雙拳、雙臂的力量相爭，身體各部力量的相爭，與走步不直的直拳第三拳的左拳發力相同。左拳發力時，身體重心在左腳掌上。（圖 4-196）

圖 4-196

右腳隨即跟步，呈丁八步站立。一發即止。身體重心為前三後七，步法、手形與走步不直的左直拳發力起

圖 4-197　　圖 4-198　　圖 4-199

式相同。（圖 4-197）

（二）走步鑽拳擊打砂袋發力

1. 走步鑽拳擊打砂袋發力左式左鑽拳

站立的步法、手形與不直的直拳起式相同。擊打砂袋的高度約為臉部位置，左腳、左拳距砂袋約一個半腳掌長度，左腳行進的路線以環繞步步法轉圈環繞打。（圖 4-198）

走步左鑽拳擊打砂袋發力時，首先右腳下踩、前蹬、上站，催動身體與左腳，向左前外方滑步，約一個半腳掌距離時向內扣步，腳掌猛然下踩、上站，右腳隨即微微提起，與身體向右後順時針轉體，就在左腳踩地、上站的瞬間，手臂、猛然向內擰裹，左拳上鑽、拳心向內，用拳峰骨棱部，擊打砂袋，似有擊穿、擊透砂袋之意。發力時，雙拳、雙臂的力量相爭。身體各部力量相爭，與走步不直的直拳左式左拳發力原則要領相同。（圖 4-199）

圖 4-200　　圖 4-201　　圖 4-202

左拳發力時，身體重心在左腳掌上。右腳隨即跟步，呈丁八步站立。一發即止，身體重心前三後七，步法、手形與走步不直的直拳發力起式相同。（圖 4-200）

2. 走步鑽拳擊打砂袋發力左式左右鑽拳

站立的步法、手形與定步不直的直拳左拳擊打砂袋起式相同。（圖 4-201）

走第一步、第二步左腳連續環繞行進時的路線，與走步不直的左、右拳擊打砂袋發力左腳連續環繞步行進的路線相同。走步左、右鑽拳擊打砂袋發力，拳法的動作、意念活動、身體各部的爭力，與走步左、右鑽拳擊打手靶發力相同。（圖 4-202～203）

一發即止，身體重心為前三後七，步法、手形與走步不直的直拳發力起式相同。（圖 4-204）

圖 4-203　　圖 4-204　　圖 4-205

3. 走步鑽拳擊打砂袋發力左式走一步連續三鑽拳

站立的步法、手形與定步不直的直拳左拳擊打砂袋起式相同。（圖 4-205）

走一步左腳環繞步行進的路線與走步左鑽拳擊打砂袋發力左腳環繞步行進的路線相同。（圖 4-206）

圖 4-206

走一步三鑽拳發力，拳法的動作、意念活動、身體各部的爭力，與走一步三鑽拳擊打手靶發力相同。（圖 4-207～208）

一發即止，身體重心為前三後七，步法、手形與走步不直的直拳發力起式相同。（圖 4-209）

圖 4-207　　圖 4-208　　圖 4-209

4. 走步鑽拳擊打砂袋發力左式走三步連續三鑽拳

站立的步法、手形與定步不直的直拳左拳擊打砂袋起式相同。（圖 4-210）

走第一、二、三步時，左腳連續環繞步行進時的路線，與走步不直的直拳走三步三拳打砂袋發力，左腳連續環繞步行進的路線相同。走三步三鑽拳擊打砂袋發力的拳法動作，其意念活動、身體各部的爭力，與走三步三鑽拳擊打手靶發力相同。（圖 4-211～213）

一發即止，身體重心為前三後七，步法、手形與走步不直的直拳發力起式相同。（圖 4-214）

(三) 走步栽拳擊打砂袋發力

1. 走步栽拳擊打砂袋發力左式左栽拳

站立的步法、手形與不直的直拳起式相同。擊打砂袋

圖 4–210　　圖 4–211　　圖 4–212

圖 4–213　　圖 4–214　　圖 4–215

的高度約為胃部位置，左腳、左拳距砂袋約一個半腳掌長度。（圖 4–215）

走一步，左栽拳擊打砂袋發力，環繞步行進的路線，與進步不直的左直拳擊打砂袋發力左腳環繞步行進的路線相同。走一步左栽拳擊打手靶發力與走步不直的左直拳擊打砂袋發力，左腳環繞步行進的路線相同。（圖 4–216）

一發即止，身體重心為前三後七，步法、手形與走步

圖 4-216　　圖 4-217　　圖 4-218

不直的直拳發力起式相同。（圖 4-217）

2. 走步栽拳擊打砂袋發力左式左右栽拳

站立的步法、手形與定步不直的直拳左拳擊打砂袋起式相同。（圖 4-218）

走第一步、第二步左腳連續環繞步行進的路線，與走步不直的左直拳擊打砂袋發力左腳環繞步行進的路線相同。走步左、右栽拳打砂袋發力，拳法的動作、意念活動、身體各部的爭力，與走步左、右栽拳擊打手靶發力相同。（圖 4-219～220）

一發即止，身體重心為前三後七，步法、手形與走步不直的直拳發力起式相同。（圖 4-221）

3. 走步栽拳擊打砂袋發力左式走一步連續三栽拳

站立的步法、手形與定步不直的直拳左拳擊打砂袋起式相同。（圖 4-222）

圖 4-219　　圖 4-220　　圖 4-221

圖 4-222　　圖 4-223　　圖 4-224

走一步左腳環繞步行進的路線，與走步左鑽拳擊打砂袋發力，左腳環繞步行進的路線相同。走一步三栽拳擊打砂袋發力，拳法的動作、意念活動、身體各部的爭力，與走一步栽拳擊打手靶發力相同。（圖 4-223～225）

一發即止，身體重心為前三後七，步法、手形與走步不直的直拳發力起式相同。（圖 4-226）

圖 4-225　　圖 4-226　　圖 4-227

4. 走步栽拳擊打砂袋發力左式走三步連續三栽拳

站立的步法、手形與定步不直的直拳左拳擊打砂袋起式相同。（圖 4-227）

走第一、二、三步，左腳連續環繞步行進的路線，與走步不直的直拳走三步三拳擊打砂袋發力，左腳連續環繞步行進的路線相同。走三步三栽拳擊打砂袋發力，拳法動作、意念活動、身體各部的爭力，與走三步三鑽拳擊打手靶發力相同。（圖 4-228～230）

一發即止，身體重心為前三後七，步法、手形與走步不直的直拳發力起式相同。（圖 4-231）

（四）走步橫拳擊打砂袋發力

1. 走步橫拳擊打砂袋發力左式左橫拳

站立的步法、手形與不直的直拳起式相同。擊打砂袋

圖 4-228　圖 4-229　圖 4-230

圖 4-231　圖 4-232　圖 4-233

的高度約為臉部位置。左腳、左拳，距砂袋約一個半腳掌長度。（圖 4-232）

走一步左橫拳擊打砂袋發力，環繞步行進的路線與走步不直的左直拳擊打砂袋發力左腳環繞步行進的路線相同。進一步左橫拳擊打砂袋發力，拳法的動作、意念活動、身體各部的爭力，與走一步左橫拳擊打手靶發力相同。（圖 4-233）

圖 4–234 圖 4–235 圖 4–236

一發即止，身體重心為前三後七，步法手形與走步不直的直拳發力起式相同。（圖 4–234）

2. 走步橫拳擊打砂袋發力左式左右橫拳

站立的步法、手形與定步不直的直拳左拳擊打砂袋起式相同。（圖 4–235）

走第一步、第二步左腳連續環繞步行進的路線，與走步左、右橫拳打砂袋發力左腳連續環繞步行進的路線相同。走步左、右橫拳擊打砂袋發力，拳法的動作、意念活動、身體各部的爭力，與走步左、右橫拳擊打手靶發力相同。（圖 4–236～237）

一發即止，身體重心為前三後七。步法、手形與走步不直的直拳發力起式相同。（圖 4–238）

圖 4–237　　圖 4–238　　圖 4–239

圖 4–240　　圖 4–241　　圖 4–242

3. 走步橫拳擊砂袋發力左式走一步連續三橫拳

站立的步法、手形與定步不直的直拳、左拳擊打砂袋起式相同。（圖 4–239）

走一步左腳環繞步行進的路線，與進步左鑽拳擊打砂袋發力左腳環繞步行進的路線相同。走一步三橫拳擊打砂袋發力，拳法的動作、意念活動、身體各部的爭力，與進一步三橫拳擊打手靶發力相同。（圖 4–240～242）

圖 4-243　　圖 4-244　　圖 4-245

一發即止，身體重心為前三後七，步法、手形與走步不直的直拳發力起式相同。（圖 4-243）

4. 走步橫拳擊打砂袋發力左式走三步連續三橫拳

站立的步法、手形與定步不直的直拳、左拳擊打砂袋起式相同。（圖 4-244）

走第一步、二、三步左腳連續環繞步行進的路線，與走三步三鑽拳擊打砂袋發力左腳連續環繞步行進的路線相同。走三步橫拳擊打砂袋發力，拳法的動作、意念活動、身體各部的爭力，與走三步三橫拳擊打手靶發力相同。（圖 4-245～247）

一發即止，身體重心為前三後七，步法、手形與走步不直的直拳發力起式相同。（圖 4-248）

圖 4-246　　圖 4-247　　圖 4-248

第5章 意拳散手不同競技能力的訓練

第一節 意拳基本素質訓練

一、意拳力量訓練

從意拳的力量訓練角度來講，意拳認為拳術上所講求的力量，不同於一般生活和工作中的習慣用力方式（如搬重物、拉車子等），而有其特殊的含義和內容。

一般稱自身原有力量為「本力」，而透過武術訓練所獲得的力，則稱為「功力」，也就是拳術專項素質所特有的力。意拳傳統上稱這種勁兒為「渾圓力」，就是上下、左右、前後的意力達到平衡、均整的狀態。沒有渾圓力作為學習拳術的基礎，就談不到如何掌握技擊的功夫，而求得渾圓力的最好方法就是站技擊樁。所以說，意拳力量的訓練是從技擊樁開始的。

(一)意拳專項力量訓練

1. 意拳力量靜力性訓練——技擊樁

王薌齋先生常說：「但求神意足，不求形骸似。」「拳」就是運動的外部表現形式，「意」就是精神支配之大意和假借。技擊樁不僅僅在於它的外形構成技擊的基本間架，更重要的是它內在的含義。外形的東西可以反覆模仿求得形似，而內在的精神力量，就需要在精神高度集中的情況下，適用不同程度的意念誘導才能求得。所以站樁時，首先要自我放大，設想自己如參天臣人，昂首獨立在一望無垠的大地上。大有「欲與天公試比高」的雄偉氣概。同時用意聯想：四面八方都以本身為中心。

練時要形鬆意緊，周身關節要形曲力真，不要有絕對的力量。骨縮筋伸，即所謂「筋有力而骨藏棱」。頭頂上好像有一繩子繫著，腿的四周像有東西支撐。周身鼓蕩、內外牽連、推挽不動，穩如泰山。雙膝撐撥，有拔地欲起之意。肩要撐，肘要橫，撐抱互相作用，力量的分配要撐三抱七。胸窩微收，背緊胸鬆，小腹鬆圓。周身大小關節無處不曲，曲折處都假想有力牽引。整體則要有撐裹迴還，旋拔不已之意。全體收斂，毛髮森立，直豎如戟，如臨大敵，大有一觸即發之勢。

（1）為什麼技擊樁是學習拳術的基礎

① 採用一定的姿勢，在靜止狀態下容易集中精神，做到凝神定意，掃除萬慮，從而達到神不外馳，意念高度集中的境地。

② 在相對靜止不動的狀態下，由意念假借的誘導，才容易摸到似鬆非鬆、鬆而有緊的意中力，進而體會到牽一處而動全身的整體爭力。

③ 在相對靜止的狀態下，由意念活動，容易控制並變換力的方向。

總之，在相對靜止狀態下，比在運動的時候容易集中精神、調節鬆緊、照顧整體、發現不足之處。

（2）由技擊樁練習之後可以求得以下技擊的基本條件

① 使精神凝重渾厚，忘我無懼，鬥志昂揚，大有當之即摧之氣概。

② 具有平衡守中的均整、渾然一體的渾元力。也就是要求在剎那間調動身體各部位相應一致地發出最大的力量。

③ 鍛鍊神經、反應靈敏。只有這樣，力的發出才能迅速剛勁。

2. 意拳力量的緩動性訓練——試力

薌齋先生說：「力由試而知，更由知而得其所以用。」這句話概括地說明了試力的目的和作用。具體來講，我們在站樁中用意念假借，體會到身體上下、左右、前後都有引力的實感，這種實感的獲得是在身體位置相對靜止的狀態下培養和強化的。但我們很快就會發現，一旦我們稍微把動作做得大一些，這種實感就會消失了。當我們重新調整好站樁的姿勢時，這種實感也可以說這種「拳勁兒」，又回到身上。於是就提出了一個新的課題：我們練技擊樁不能總站著不動，要把站樁中所獲得的渾圓力，充分調動起來，運用到實踐中去。這種由靜到動的過渡任

務，就由試力去完成。試力的目的就是要在動起來以後，運用意念誘導，繼續掌握爭力，體會站樁中培養的渾圓力，在肢體位移時，是否仍然能夠均整得力，運用自如，為隨機隨勢任意發力創造條件。從這個意義上來講，試力可以說是站樁在空間的延伸。總之是要從靜到動，動中求靜。

無論是站樁還是試力，都是為了將來的發力創造必備的條件：

（1）初練試力時，可能先用手去感觸手外的阻力。手的感覺靈敏，試力即應由手入手。待手對外界阻力有所感覺後，就用與阻力相當的力量與之應合，這樣做自然無過，亦無不及，正當火候。

（2）手有了感覺後，逐漸用全身去試。試力時要求身體平衡均整，骨骼支撐，關節鬆靈，筋肉弛張，有似鬆非鬆之意。運轉要緩慢，像抽絲一樣，不可停滯。做的時候還要做到動一處，為全身動著想，即所謂「一動無不動」。

（3）試力的動作越小越慢越有作用。欲速則不達，速度快了容易將體會和認識漠然滑過，徒耗時日事倍功半。所以說大動不如小動，快動不如慢動。要做到欲動又止、欲止又動，有動猶不動，不動猶動之意。

（4）進一步則要求在微動中求速動。動作越細微，精神越寧靜集中。意念要不斷，全身要自然，身體各部所有的動靜都由一個意支配。最後做到連「試力」二字也不存於意中，這樣才能真正達到試力的作用。即前人所述「力量在身外去求取，意念在無心中操持」之意。

（5）初習試力要用意不用力。試力時的神態猶如空中

旗、淵中魚。空中旗飄擺無定，惟風力是應；淵中魚形似微動，實則因波浪所動。試力到精熟階段則意力不分，意到力到，再往後深入訓練則大動、小動、快動、慢動都要試練，各種節奏都要體會並且要打亂順序，以接近實戰的需要。在練習中更要體驗周身是否得力舒適，假借是否能夠成為現實，意力是否能隨機隨勢應感而發。

我們在《意拳功法》一書中談到了意拳的核心就是以站樁為基礎，透過精神假借、意念誘導，在無力中求有力，不動中求微動，在靜中求動地培養、掌握以至運用渾圓力的一整套訓練方法。實踐證明，這種訓練可以達到從精神到肢體的高度協調統一，並能在運動中充分發揮本身內在的能量和潛力。在體育運動的訓練中，這種方法稱為「念動訓練」。實踐證明，想、練結合的方法，能夠充分利用兩個信號系統的相互作用，加速運動技能的形成和發展。想練結合的訓練方法，正是意拳始終不渝的練功原則，意拳之所以強調「意」就是這個道理。

3. 意拳力量的快速性訓練——發力

發力由蓄力和發力兩個過程組成，二者有極密切的內在聯繫，是不可分割的整體。要想發出很大的力量，首先就要蓄力。所謂蓄力，就是在發力前內在儲備的待發之力。蓄力要求無論在動或者靜的情況下，周身都要保持似鬆非鬆、鬆緊適度的待發狀態。過緊則無力可發，沒有儲備的力量，過鬆則發力遲緩，往往給對手可乘之機。

發力是在精神高度集中時，在意念指揮下將內在的蓄而待發的勁力，由訓練的手段和技巧在運動的狀態下，瞬

間從身體某一部位迅猛地爆發出來。武術當中所謂力「整」就是力量的分佈要平衡協調，上下要相連，前後、左右要平衡。「整」又包括有「緊」的意思。在武術中與「整」相對的概念是「散」，「散」是上下、左右、前後失去對稱和爭力，「散」又包括「鬆」的含意，「鬆」的過度就是「散」。武術力量是鬆緊互用，在發力的一瞬間，要求極整也就是極緊，要在極短暫的時間內，發動周身內外一切可能發動的力量，還要保持身體的平衡。一發之後迅速放鬆，以利再發。也就是說，「發」和「收」都要快。要求「一觸即發，一發即止」。

那麼在意拳訓練中站樁、試力就是解決好怎樣有力的問題，而發力則是要解決如何將力發揮出來，並作用於受力物件的問題。發力，歸根結底仍然是一個鬆和緊的矛盾統一問題。

意拳訓練時中將「鬆緊」放在第一位，認為「鬆緊」是構成人體運動的基本矛盾。就意拳全部訓練內容來說，就是怎樣正確掌握和運用「鬆緊」的問題。所謂「鬆緊」即是肌肉的鬆緊，又是精神的、心理的鬆緊，而首先是精神的鬆緊。意拳訓練從訓練放鬆開始，進而訓練鬆緊的相互轉換，達到鬆緊的協調。原則上講有什麼程度的鬆，就會有什麼程度的緊。

在意拳訓練中要求鬆的時候多，緊的時候少。緊，就是在發力的一瞬間緊，過後馬上就鬆下來。這裏就涉及到一個鬆緊轉換的問題，大家知道，在作用力距離不變的情況下，作用力和作用力時間的平方成反比。也就是說作用力時間增加一倍，作用力反而要減少兩倍。舉兩個例子來

說明這個問題：一是排球運動員的扣球，當運動員在手接觸球的時候，迅速地拍擊動作，使球獲得一個很大的反作用力。如果接觸球的時間長，那麼打出去的球就不會有力；二是錘子敲釘子。行家敲釘子，事先手臂要放鬆，然後猛然用錘子撞擊釘子，使釘子獲得一個很大的加速度，於是將釘子深深楔入木頭之中。外行就不是這樣了，他們緊緊地握住錘把，敲釘子時不是用脆勁兒，而是往下摁和壓，於是釘子非但不能進入木頭，而且還要彎折。這就是鬆緊轉換的速度對作用物受力大小的影響。

意拳的發力要求的是瞬間的爆發力，所謂爆發力是指在最短的時間內發出最大的力量。爆發力的評定指數是：

爆發力指數 ＝ 最大的力量 ／ 用力的時間

在發力練習中大致可分為兩種：一是「打」，二是「發」。「打」是在最近的距離和極短的時間裏，迅疾而集中地把全部力量，發到對方的某一部位。這種發力穿透力強，傷害力大。但催動對方重心的力較小，因此受力物件的位移情況不明顯，但所承所的打擊力是很大的，而「發」的情況就不同了。

「發」是在打擊過程中，接觸對方的肢體時加大了動作的幅度，也就延長了工作距離故增大了與對方接觸的面積，並且作用時間相對延長。因此「發」催動對方重心的力強而傷害力弱，表現在對方肢體的位移情況比「打」的程度要大得多，而所受的損失卻要小得多。

「打」與「發」是在交手的過程中，根據交手性質、對手強弱等具體情況所採用的兩種不同的發力方式。

由此可見，在很大程度上速度就是力量。因此我們練習發力時，決不可忽視速度的因素。要在雙方接觸的一剎那，調動全身各部位均整一致，把力量發到對方身上去。

(二)意拳輔助力量訓練

在進行意拳專項力量訓練以後，還要由輔助的訓練方法來彌補專項訓練的某些不足。輔助訓練主要包括意拳棍法訓練、擊打砂袋、擊打拳靶和踢擊腳靶等訓練。同時還可以進行一些快速地肌肉爆發性訓練，如快速俯臥撐、快速的推舉槓鈴等等。

(三)意拳力量訓練要點

要理解發力初步要求，首先要搞清楚力的來源和力在人體內的傳導順序。意拳的前身形意拳，有「消息全憑後足蹬」的說法；太極拳理論中有這樣的話「其根在足，發之於腿，主宰於腰，形於手指」。把這兩句話聯繫起來，就大致描繪出了力的發動和傳導過程。但這還不足以說明發力時瞬間巨大爆發力從何處而來。而意拳發力總結了各家拳種發力的優點，建立了一套獨特的發力訓練體系。拳術巨大的力量來自以下的幾個方面：

1. 意拳發力來自意念假借所導致的神經激發狀態的某種意境。意拳技擊訓練要求在練功時假設大敵當前，與其共爭生存，當以大無畏精神與之拼搏。周身毛髮皆豎起有出尋問路之狀（好像蟋蟀的角鬚一樣），時刻準備迎敵。有了這種意境，才能全力以赴，一旦與敵交手則一觸即發，一發即止。精神上大有力之所觸木石可碎，當之立摧的氣勢。意念中力的指向要向遠大處延伸，即有力透敵背

之意。精神假借是否能真切是發力的重要關鍵，無畏的精神，敢於勝利的勇氣，是練習技擊的首要條件，沒有這一點，再好的技術也是枉然。

2. 具體力量的來源靠後足蹬地的反作用力推動整體，利用整體運動產生的強大慣性力量，打擊對手。這一慣性力的大小取決於力量乘速度的平方。

3. 力的來源是發力時軀體各部位瞬間的互爭而產生的爭力。周身的爭力越豐富，所發出的力量也就越大，在軀體各部位的爭力之中，以上下之爭力為最重要。王薌齋先生曾說：「鬆緊之樞紐在於上下，上下相引為周身互爭之法。」

4. 力的來源是發力時全身肌肉的收放和意力之後倚與前撞所產生的振動（物體在某個位置附近沿著直線或圓弧作往復運動，叫做振動），即意拳宗師王薌齋所謂之「周身鼓蕩」。

5. 在意拳力量的輔助訓練中，一些外在的肌肉訓練速度一定要快，要在瞬間連續地進行。

(四)意拳力量訓練中不會發力的主要原因

1. 發力前全身緊張，肌肉凝滯，力量在身上發不出來，動作不協調。這時即便能發出一點力來，也只是局部的、微弱的力量，不是整體「一動無不動」的拳術力量。

2. 肌肉工作雖然協調有力，但作用力的時間過長，缺乏加速度，形成單純的推、拉，而不是猛然間爆發的力量。只給受力物件一個勻速地推動，而不是猝然地撞擊，故無武術真實力量可言。

二、意拳速度訓練

(一)意拳速度的訓練

1. 意拳散手反應速度訓練方法和手段

（1）示靶擊打：教練員事先規定好幾個出靶的位置和靶面，以及運動員的相應擊打動作，然後不規律地出靶，要求運動員快速、準確地用相應的動作擊打。

（2）打移動靶：教練員拿靶，然後突然出靶，要求運動員根據不同的情況立即進行擊打或組合擊打。同時教練員也可用靶進行反擊，讓運動員迅速做出防守反擊的動作。

（3）防守反擊練習：要求一方主動進攻，另一方只需防守反擊。練習時既可採用接觸式，也可採用不接觸式；既可事先規定好進攻動作和防守反擊動作，也可隨意進行練習。

在反應速度訓練過程中，教練員應該分別在運動員體力充沛時、疲勞時和非常疲勞時，安排相應的信號刺激來進行訓練，這樣運動員就可以在任何狀態下都能做出相應的反應。

(二)意拳動作速度的訓練

1. 動作速度概述

動作速度是指人體或人體某一部分快速完成某一個動作的能力。動作速度是技術動作不可少的要素，表現為人

體完成某一技術動作時的揮擺速度、擊打速度、蹬身速度和踢踹速度等。此外，還包含在連續完成單個動作時在單位時間內重複次數的多少。

提高動作速度應該與掌握和保持正確的技術動作緊密地結合在一起。在進行動作速度訓練時，要避免動作速度穩定在同一個恒定速度上，要力爭讓運動員超過平時最高的速度，只有這樣才能最大限度地開發運動員的速度潛能。

2. 意拳散手動作速度訓練方法和手段

實踐證明，神經系統發出指令的強度越大，動作速度就越快。所以在進行動作速度練習時運動員的注意力必須高度集中，每一個動作都要求以最快的速度完成，並力求超過自身的最大速度。

發展動作速度最主要的方法，就是大強度的重複訓練法，具體練習方法如分組練習快速拳法或腿法的發力，其原則是每一組練習以速度不至於降低為準，間歇充分。

3. 位移速度

位移速度是指人體在特定方向上位移的距離。以單位時間內機體移動的距離為評定標準。

要想提高位移速度，就要特別注意運動中下肢的移動速度和身體重心轉換的穩定性。散手的位移速度與田徑運動的直線平跑特點不同，它具有間斷性、多元性以及多向性的特點，需要不斷地調整身體重心。在訓練中經常採用下列手段：

（1）高頻率的步法移動練習：意拳的變步訓練，高頻

率的小步跑、前、後滑步等。

（2）高頻率的步法轉換練習：各種步法的前進、後退、左右移動的快速轉換練習。也可以結合口令或手勢練習，不僅可以練習移動速度，也可以練習反應速度。

（3）腿部的爆發性練習：快速單足跳、蛙跳、縱跳和衝臺階跑。

(三)意拳速度訓練的注意事項

1. 要緊密結合散手專項的速度特徵進行訓練。反應速度要以視覺、觸覺和聽覺為主；動作速度要結合技術動作練習；位移速度結合各種步法練習。

2. 除反應速度訓練可以安排在運動員疲勞時練習外，動作速度和位移速度都要安排在運動員興奮性高，情緒飽滿時進行。

3. 速度素質的訓練要結合其他素質進行，散手運動應該注重速度耐力的訓練。

4. 在進行速度訓練時，要注重肌肉的放鬆與協調。

三、意拳耐力訓練

(一)意拳耐力訓練方法和手段

耐力素質一般分為一般耐力素質和專項耐力素質。

1. 一般耐力訓練

一般耐力素質訓練是指運動員完成長時間工作的總體能力。發展一般耐力的訓練負荷的基本特點是總負荷量

大，但是強度小。一般採用的方法是持續訓練法、間歇訓練法和長時間的重複訓練法。

（1）各種形式的長時間跑、各種變速跑。

（2）長時間跳繩、蛙跳、單腿跳等。

2. 專項耐力訓練

專項耐力素質訓練是指運動員在比賽中按照特定的強度、質量要求，長時間進行專項運動的能力。意拳散手專項耐力訓練，通常採用專項或接近專項的訓練手段來發展。主要方法有以下幾種：

（1）空擊發力練習：各種拳法、腿法發力的空擊練習，要求3分鐘1組，間歇40秒，重複3——5組。

（2）打砂袋和打拳靶練習：要求和空擊發力相同。

（3）對抗練習：進行比競賽句數多1–3局的條件實戰或實戰練習。

（4）坐莊練習：由練習者坐莊，3～5人輪流與之進行條件實戰或實戰。局數比正式比賽多1～3局。

（二）耐力訓練的注意事項

1. 散手專項耐力訓練要以發展一般耐力，尤其是有氧耐力為基礎，以速度耐力和無氧耐力為主的無氧與有氧混合耐力為目的。

2. 訓練時要加強運動員用鼻呼吸能力的培養，並注意加強呼吸節奏和動作節奏協調一致的訓練。

3. 加強運動員意志品質的培養。

四、意拳靈敏訓練

(一)意拳靈敏訓練方法和手段

由於衡量靈敏素質的標誌是運動員在各種複雜變換的條件下迅速、準確、協調的做出動作，因此，靈敏素質就要從迅速、準確、協調方面入手。

發展靈敏素質的訓練一般強度比較大，要求神經的興奮性較高，因此，練習的時間不宜過長，練習的次數不宜過多，間歇的時間要充分，以免影響訓練效果。主要方法有以下幾種：

1. 單人練習　各種步法練習中的突然變向、急停和起動以及十字變向跑、換步蹲跳等。

2. 假想訓練　在移動的步法中，假想在實際比賽中的各種突變情況，並隨機應變的做出反應，如躲閃、進攻、防守、防守反擊等。

3. 對抗練習　一對一的摸肩訓練或踩踏對方腳尖等。

(二)靈敏訓練的注意事項

1. 由於靈敏素質對運動員的神經系統的興奮性要求較高，所以大多安排在運動員精力充沛的時候進行訓練。

2. 靈敏素質是一種複合素質，必須抓好各相關基本素質的訓練。

3. 靈敏素質的訓練應注重和散手專項的技戰術訓練有機結合起來，促使專項靈敏素質的發展。

第二節 意拳散手技術能力的訓練

一、意拳散手技術能力及其評價

(一)意拳散手技術能力概述

意拳散手運動技術能力是指運動員在比賽過程中合理有效的運用各種技術的能力。

所謂合理，是指運動員在比賽中所做的動作符合人體運動的生物力學和生理學原理，符合武術搏擊相生相剋的法則，符合競賽的規則要求，符合運動員的心理特徵等；有效，是指運動員能夠最大限度的發揮自身的潛能，取得理想的技擊效果。

(二)意拳散手技術的評價

評價意拳散手運動員的技術能力高低主要是取決於其技術質量的優劣和技術容量的大小。一般分為優秀、一般、較差三個評價標準。三個評價標準中主要是看技術質量的合理性、有效性、穩定性和技術容量的全面性。

1. 優秀意拳散手技術的評價

其動作正確、輕鬆自然、協調準確又節奏，進攻與防守時機把握準確，防守嚴密。從比賽開始到結束，動作不

變形，速度和力度好。訓練中各種進攻技術和防守技術全面，且在比賽中運用的技術數量與訓練中的接近。

2. 一般意拳散手技術評價

動作基本正確，但較僵硬。協調性差，不連貫，節奏差。進攻與防守時機把握一般，防守有失誤。到比賽後半程動作雖未變形，但速度和力度下降，有少量動作失誤。訓練中各種進攻技術和防守技術較全面，但比賽中運用的技術數量明顯偏少。

3. 較差意拳散手技術評價

基本能完成動作，但僵硬協調性差，不連貫、無節奏。進攻與防守時機把握不準，防守失誤頻繁。

在比賽後半程，動作明顯變形，且有大量動作失誤。訓練中進攻和防守技術不太全面，比賽中更是只能運用少量訓練中的技術。

二、意拳散手技術的基本要求

(一)出手要快

意拳散手中的「快」，主要表現為反應快、起動快、動作快和節奏快。反應快，不僅是指的速度快，更重要的是對對方動作的判斷快，能夠敏捷的根據現場情況做出各種判斷。起動快主要是指步法的移動要迅捷；動作快，是指動作的起動從開始到結束要儘量在最短的時間內完成；節奏快，是指在運用組合動作時，在保證技術質量的前提

下，動作的頻率要快。「兵貴神速」、「遇敵猶如火燒身」都是指技術動作只有在快的基礎上，才能起到良好的攻防效果。

(二)力度要狠

意拳散手有「三不打」，即「打不著不打，打不重不打，打不死不打」，這表現了意拳散手出手力度狠毒的一面。要想在比賽中打到對方，首先要有兇狠的氣勢，抓住對方的薄弱環節猛烈進攻，直至取得優勢勝利為止。

(三)變化要巧

「巧」是指運動員在比賽過程中，根據不同的情況運用技術時做到方法巧妙。實際上意拳散手技術的巧是指運用技術時能掌握技術動作之間相生相剋的原理，並在比賽中巧妙地抓住各種戰機，隨機應變，要做到「逆其力而順之，順其力而破之」，以最小的消耗取得最大的效果，這才是真正的「巧」。

(四)擊打要準

擊打準確既是指擊打力點的準確，也是指判斷方向的準確。如果擊打力點不準確，不僅打不著對手還容易造成自己受傷，所以在訓練中應對技術動作的規格嚴格把關，練習時可先擊打固定靶，多體會正確力點的肌肉感覺，之後再打移動靶，提高擊打的準確性。

而判斷準確是擊打準確的前提，只有判斷準確了，才能出奇制勝。所以在平時訓練時，要多注意培養運動員的

判斷能力。通常透過條件實戰和比賽實戰來提高判斷力。

(五)技術要全

意拳散手的技術體系講究全面性。意拳在實戰時要求周身從頭到腳都要成為攻擊的武器，即所謂的「頭欲搖人、手要打人、身要摧人、步要過人、足要踏人、神要逼人、氣要襲人」，使周身各個部位都可以用來攻擊。但這裏講的全面性除了周身擊打部位的全面以外，同時也指各種進攻防守和防守反擊的技術。

在這些技術之間都存在著一定的內在聯繫，它們之間相生相剋，相互制約，以此全面地掌握技術，就能有效地根據對方的薄弱環節採取針對性措施。同時技術的全面性也決定著戰術的多樣性，所以要想在比賽中掌握主動權，就必須打下全面的技術基礎。

(六)動作要活

動作的「活」即指在使用技術動作時，各技術之間的轉變要靈活，要根據對方的技術特點針對性的使用技術，這就需要自身具備較大的技術容量和動作之間快速轉換的能力。同時，還要做到步法的靈活，兩腳距離要始終保持丁八步，要把身體重心集中到兩腳的前腳掌上，腳跟要微微離地，雙膝微屈，下頜微收，頭部中正，周身放鬆，以保證腳下的彈性。

(七)重心要穩

意拳實戰中，重心的穩定並不是說站在那裏讓別人推

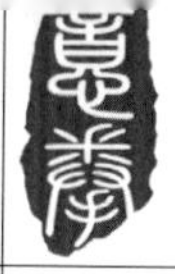

不動你，而是指的一種身體動態的平衡。所謂動態平衡就是說要在身體移動中保持重心的穩固，這就需要用靈活的步法來隨時調整自己的重心。「步不穩則拳亂」，步法在維持重心穩固中起著重要作用。所以，在每次發力時都要配合步法，步到手到，這樣既可以保證發力的質量，又能有效地保持身體重心的穩固。

（八）意圖要隱

在實戰中，很多運動員都有這樣的毛病，就是在出擊的一瞬間，身體有很多的小動作。有的人習慣發力之前肩膀先動一下，有的人習慣一發力就皺眉頭或是呲牙、咧嘴、閉眼睛。而就是這些看似無關緊要的小動作，卻恰恰讓對方掌握了你的出擊規律，從而能更有效地攻擊你。所以在實戰中，一定要儘量克服自己的預兆動作，儘量掩蓋自己的真實意圖，讓對方摸不著自己的意圖，從而增加自己使用技術的隱蔽性，有效地攻擊對方薄弱之處。

同時，在實戰搏擊中，除非是非常特殊的情況，否則不要採用複雜的技術動作。

首先應運用簡單技術，如不奏效，可再借用較複雜的技術。如從防守姿勢上突然發起的簡單攻擊，也常可使對手猝不及防，特別是在一連串的佯攻和假動作之後，其效果更為明顯。當你與一個較為優秀的對手交手時，如果運用比較複雜的複合或者組合動作去攻擊，那只能使對手感到高興，因為你在這種情況下暴露了技術水準。所以說，無論是進攻還是防守，意圖一定要隱蔽，不要過多地暴露自己的意圖。

三、意拳散手技術訓練方法和程式

(一)要培養紮實的基本功

意拳散手本身是意拳各項基本功的綜合體現，所以要想練好散手，沒有紮實的基本功是絕對不行的。這就好像一輛自行車，當我們要騎的時候卻發現沒有鏈子，沒有輪條，即使有也是很鬆的，那麼我們根本就不可能讓自行車飛馳起來。散手也是這樣，當我們帶上拳套，就要與對手殊死拼搏時，突然想起來我拳法還沒學完呢，步法也不熟，那麼其結果可想而知。所以紮實的基本功是意拳散手的必備條件。意拳的基本功在散手中的主要體現是發力。主要包括各種拳法、腿法、身法（身體瞬間的移動）及步法（腳蹬地時瞬間的用力）的發力。（關於發力的各項要求請參照《意拳功法》一書中的發力一章）

關於意拳散手各項基本功發力訓練的程式主要有以下幾步：

例如拳法，首先將各項拳法的發力進行單獨練習，這是做基本的發力練習，是鞏固發力的主要手段。可先將四種拳法按照要求進行定步的單式拳練習，如先練習不直的直拳，而後是橫拳、鑽拳等；待單式定步拳法熟練以後，就要進行活步拳法練習了，在活步中要先進行直趟的活步發力練習，即發力時經過的路線是直來直去的；當直趟的熟練之後就要進行活步變步拳法發力的練習，所謂變步拳法發力就是結合各種實戰步法和身法，將各種拳法在身體周圍進行不同方向的突然發力。

練習變步發拳，一開始用三成力即可，在鬆鬆的找勁中注意身體各部位的協調配合，每發一拳，看下面的步法是否能跟上，後腳是否能踩上勁兒。變步發拳不要只是向一個方向變步，前後、左右、進退、縱橫都要變。

當然也不要總是不停地變，在變化的過程當中，可將雙手呈防守姿勢，進行防守性變步訓練。同時也可採用攻防結合的變步訓練，這時一定要加上「假想敵」意念。即自己周圍有無數個毒蛇猛獸在虎視眈眈地注視自己，隨時都可能從不同的方向向自己進攻。此時自己站立的步法，手形與丁八步左式不直的左直拳起勢相同。無論步法是前進、後退、左、右環繞還是橫走豎撞、扣步轉體、變步，都要隨意出拳發力，並變換四種拳擊打假設的目標，發力時，要有擊穿擊透目標之意，變步拳法發力時，須做到步到、拳到、步變、拳變，其發拳的動作、腳步的變化、意念活動、身體各部的爭力與四種拳法發力的原則要領相同。而自己一定要保持高度的警覺，突然一個直拳打倒前面進攻的猛獸，瞬間一轉身一個載拳又將下面進攻的猛獸打翻在地，瞬間又一個側劈再將橫向咬來的毒蛇削成兩截。此時精神狀態被高度激發，「遇敵猶如火燒身」。這種訓練在意拳散手基本功中形象的比喻為「打鬼」，其訓練的目的就是要將各項基本功有機的結合在一起，在精神高度激發的狀態下，來培養自己的靈活性、協調性及隨機應變和真打實鬥的臨戰意識。

(二)實戰攻防訓練

實戰攻防訓練就是將我們在實戰中經常出現的幾種打

鬥模式提煉出來進行強化練習，最後形成本能條件反射。如此待我們在實戰中一旦遇到這幾種打鬥模式，馬上就能做出相應的反應以提高實戰的質量和取勝的把握。

下面列舉兩例實戰攻防訓練具體方法。

1. 雙人直拳反應訓練

雙方站立為右式丁八步，雙方右手的手形與不直的直拳起勢相同，雙方的左手由拳變化為掌，掌心向前，五指上指，護住臉部左側部位。（圖 5–1）

甲方首先向乙方滑步，出右拳攻擊。甲方左腳下踩、上站、前蹬，左腿向左後擰轉，催動身體和右腳，向前滑步一個半腳掌距離時，猛然下踩、上站，右拳猛然前伸發力，擊打乙方左掌時，似有擊穿、擊透之意。其右腳上步的行進路線，右拳發力時的意念活動，身體的各部爭力，與右式走步右拳發力的原則要領相同。（圖 5–2）

就在甲方右腳向前滑步的瞬間，乙方右腳猛然下踩後

圖 5–1

圖 5–2

圖 5-3

圖 5-4

蹬，催動左後腳向後滑步同等的距離，左腳踩地，右腳回跟同等的距離，為右式丁八步站立。此時雙方的步法、手形與雙人直拳反應訓練的起勢相同。

隨即乙方向甲方滑步出右拳攻擊，其右腳行進的路線，甲方後退步的路線，內涵的意念活動，身體各部的爭力，與甲方向乙方滑步出右拳攻擊的原則要領相同。（圖 5-3～4）

隨即就可反覆練習雙人直拳反應訓練了。

2. 雙人攻防訓練

甲方站立為左式丁八步，手形為左式不直的直拳起勢，乙方站立為右式丁八步，手形為右式不直的直拳起勢。甲乙雙方的前腳相距 70～80 公分，相互對峙。（圖 5-5）

首先，乙方向前滑步向甲方臉部攻擊，甲方就在乙方抬右腳向前滑步的瞬間，右腳猛然下踩、前蹬，催動身體

圖 5–5

圖 5–6

和左腳向左前外方滑步約一個半腳掌距離，左腳踩地，在左腳向左前外方滑步時，左拳瞬間變掌，猛然前伸，以掌根部為主，向下、向後、向外拍擊乙方前臂外側部，破壞乙方右拳擊打的路線。（圖 5–6）

圖 5–7

在乙方身體重心向右、向前栽時，甲方的右拳猛然前伸，腕部微扣，用鋒骨棱部，向乙方的胸部發力。似有擊穿、擊透目標之意。一發即止，右腳隨即跟步，呈左式丁八步站立。（圖 5–7）

3. 搶步練習

當各項基本功基本具備之後，我們就要進行意拳散手

的搶步訓練了。所謂搶步，就是基本的散手反應意識訓練。它不要求真打，但要求必須在意識上要真切，在接觸對方時不要求猛然發力，而只要輕輕一沾即可。在搶步這種很「溫和」的「實戰」過程中，在不必擔心受傷的情況下要大膽細心的找東西，就如技擊樁中的摸勁一樣。而不要盲目的毫無目的的你來我往，要將各種技術淋漓盡致的發揮出來。可以說搶步是由基本功向意拳散手過渡的重要中間環缺。少了這一環節，上來就拼個你死我活，除了傷痕累累之外，最終將一無所獲。

4. 模擬實戰訓練

模擬實戰訓練較搶步來說距實戰又更進了一步。為了避免傷害，它要求雙方帶上拳套和護具利用各種技術進行散手的模擬實戰練習。既然是模擬實戰，它不要求雙方發出重拳重腿，但也不要求像搶步那樣一沾即止。發拳時要掌握分寸，既不傷害對方，又不失實戰發力之要求。要以點到即止為主，使其在精神上，不致於高度緊張，使用技術動作能與平日訓練一樣，以利隨時糾正，調整錯誤的步法、出拳的動作及錯誤的判斷，以增長實戰經驗，為更好的在實戰中，發揮自己的技術特長，而必須訓練的基本功。

5. 散手實戰訓練

在模擬實戰的基礎上，當我們對各種基本技術運用自如時，下一步就要進行真正的實戰訓練了。為了減少實戰中的傷害，要求練習者必須帶上拳套，穿上護具。在這種訓練模式中，最重要的就是一定要克服膽怯的心理，良好

的心理素質往往決定一個人的勝負。同時要大膽的使用一切可以使用的技術，避免技術的單調性。

意拳散手是各項基本功的綜合體現，但是與以往不同的是，這是兩個人在各種攻防技術實施的情況下所進行的一種鬥智鬥勇的反應訓練，這種運動模式打亂了自己單獨練習基本功時的協調性，強迫你在這種新的狀態下建立一種新的平衡。各種平衡協調的建立都要經過分化——泛化——動力定型這幾個階段。所以在散手初期，各種技術使用起來是很彆扭的，有的一旦打起來手忙腳亂根本就發揮不出來，從而導致一些人懷疑自己是否具備習武的天分，對自己喪失信心。其實這是很正常的事情，是運動訓練必經的階段。每一個拳手都要經過手忙腳亂——逐漸有序——運用自如這麼一個過程，這個過程不是自然形成的，它需要真正的動腦筋去思索，去找。這是一個很關鍵的過程，是拳技成熟的一個標誌。

然而很多人在達到第二個階段之後就很難在提高了，究其原因是在實戰中缺乏總結思考，認為自己能與對手你來我往的打上幾個回合，誰也傷不了誰，已經很不錯了。其實這只是一個很低的層次，高水準的實戰就是看你能否有效地控制對方，能否在控制的同時施以擊打，能否將意拳的各種打法如推打結合、推打控制、糾纏中的打、躲閃打法、在接觸中打、吊著對方打等技術發揮出來。如果只是拼拳，你能打得過職業拳擊手嗎？只是比腿，能與職業泰拳手對抗嗎？意拳散手有自己的風格，那就是短兵相接，就是肉搏戰，是全身性擊打。拳法技術只是其中的一部分，還有頭、肩、膝、胯等都可以成為肉搏的武器。在以渾圓力為基礎的情況下，你碰我哪兒，我哪兒都能發力，周身的勁力要像鞭子一樣，非常脆。在不違背原則的情況下，雙手不要侷限於固定模式，要自由一些。無論高低還是進退，總要有一隻手指向對方的中線，而另一隻手則處於自我保護的位置。與此同時要避免多餘動作的出現，因為任何多餘的動作不但不會產生理想效果，還會造成不必要的體力消耗，極容易為對方所利用。更重要的是意拳散手是左右兩面擊打，兩面都是重拳重腿，一旦抓住機會就要給對手以致命的連續性地打擊，如排山倒海之勢瞬間摧毀對手。你能做到這一點嗎？如果做不到，那就說明還有好多東西要深入細緻地去找。如果僅僅滿足於跟對手拼上幾個回合，那只是手熟的階段，而不可能達到出神入化，運用自如的境界。

姚承光先生經常叮囑我們：實戰不是說出一身臭汗就達到了訓練的目的，而要多動腦筋，摸索思考著去找東西。實戰時一定要琢磨著去練，不要盲目地去拼打，要將基本功合理有效地運用到散手中去。剛開始可能用不上，但越是用不上越要用心地去找。實戰中，要使自己經常處於走動之中，飄忽不定，不給對方以定位，並積極尋找機會強佔優勢。不僅要主動進攻，同時要採取誘敵深入的方法，這樣表面看是空檔，其實暗藏殺機。不僅要前進後退地打，也要左右迂迴地打，把步法、拳法、身法、反應、精神氣勢及智慧有機地結合起來，在不斷地遊鬥中尋找戰機。實戰中步法是至關重要的，要將靈活的步法放在第一位，打法放在第二位，在走動中擠住對方貼身發力時，要特別注意的是，在對方移動準備發力進攻的瞬間，是對方

力量最強的瞬間，同時也是對方力量最暴露之時，此時我們要充分利用這個機會進攻，但不要迎面而上，而要避其鋒芒，擊其弱處。假如對方防守太嚴密，我們利用近身打法破壞其間架或利用步法調整距離，把握好最佳的時間差，尋找其破綻，施以進攻。

實戰中技術重要，但體力更重要，如果雙方力量懸殊，則力量好的佔優勢；如力量相差無幾則技術佔優勢。實戰訓練期間一定要注重基本功訓練，要多練攻防反應。要多練自己的弱處，使弱變為強，最後全身都是強點，只有這樣散手水平才能與日精近。

第三節 意拳散手戰術能力的訓練

一、戰術定義和構成因素

戰術是指在比賽或交流中為了戰勝對手，或為表現出期望的比賽結果而採取的計謀和行動。在意拳散手比賽中，戰術能力佔有非常重要的位置。

二、意拳散手戰術設計原則

在意拳散手比賽之前和比賽中，教練員和運動員都要制訂有效的戰術設計。戰術設計所遵循的基本原則就是考慮到能充分發揮自身各方面的優勢，其次是儘量抑制對方長處的發揮。在設計中要遵循以下原則：

(一)知己知彼原則

戰術設計要有明確的針對性，如果在比賽前不瞭解對手的話，那麼，所設計的戰術也就必然不能適應對方的風格。而對於不瞭解的對手，許多有經驗的運動員往往會在比賽開始時並不主動進攻，而是由試探性的技術來瞭解對方，等瞭解了對方之後，再根據自己的經驗隨時制訂有效的戰術措施。

瞭解對方的情況首先要瞭解對方的技術狀況，對方善用什麼技術，是拳法還是腿法，有哪些技術的弱點；其次要瞭解對方的攻防類型，是主動進攻型、防守反擊型還攻防兼備型的；其三是要瞭解對方的動態類型，是屬於技術型選手還是拼打型選手；同時還要瞭解對方身體素質的特點，主要是對方的速度、力量和耐力；最後要瞭解對方的心理素質。如對方在實戰時是否好衝動，有沒有主動進攻的勇氣以及受挫時的心理反應如何等等。

當然，要做到瞭解對方這些情況並非是容易的事情，它需要運動員豐富的臨場比賽經驗。相對於意拳散手來說，正規的意拳散手比賽只舉辦過一屆，是1998年的「首屆國際意拳對抗賽」。作為意拳散手的運動員，其臨場比賽的經驗自然很少，可是意拳散手作為意拳內部訓練和交流的主要實戰形式，如果採取正規比賽時的戰術設計原則，同樣可以提高運動員的臨場經驗。

(二)控制與反控制原則

在實戰中，兩眼應緊緊盯住對手。在近距離的搏鬥

中，則要注意其身體上方，並用餘光注意其身體下方，保護好自己的面部；在距離較遠的搏鬥中則要盯住對手的眼睛，迫使他處於被動地位，並讓他捉摸不定。對手一旦遇到麻煩，就要從各個角度進攻他、逼近他、摧毀他。也就是說，要迫使對手按你的意志去打，從而控制對手，而不是被對手所擺佈。

在意拳散手的訓練或比賽中，發揮自己的長處，抑制對方的長處，實際上就是一種控制與反控制的關係，就是要想盡一切辦法力爭控制對方而不被對方所控制。同樣，誰發揮了自己的長處而控制了對方的長處，誰就取得了比賽的主動權。例如在散手中，當得知對方屬於技術型選手時，那麼自己就儘量不給對方創造施展技術的機會。因為對方要施展技術，必然是抓住我身體緊張的那一瞬間使用技術發力。而我就是不與對方接近，只是與其遊鬥。這樣對方即使技術再好拿自己也沒有辦法。

(三)攻防平衡原則

攻與防是散手對抗的一對主要矛盾，散手中沒有單獨的進攻，也不存在單獨的防守，都是攻中有防，防中有攻或者是攻防兼備。只有這樣才能在激烈地推手對抗中危而不亂，險而不驚，合理控制整個散手過程的節奏，並抓住機會重創對手。

怎樣正確理解攻防的平衡呢？比如說，散手中我的對手實力比我強，那麼我就要少進攻而多防守，在防守中進攻，以防守反擊為主；而當對手的實力不如我時，我就要積極進攻，做到攻中有防，以主動進攻為主；而當對手和

我的實力差不多時，我就要做到攻中有防，防中寓攻，攻防兼備了。所以從整個佈局來看，攻與防基本是平衡的。

(四)相生相剋原則

意拳散手的技術雖然實用，但並不是每一種技術都是萬能的，因為每一種技術都有它的長處和短處，而且每一種技術都必然會有另一種技術能夠控制它。例如對方用右直拳擊打我的頭部，這時我的左腿隨勢向左側滑步，身體躲過對方的直拳，同時左手在瞬間拍擊對方打來的右手臂，幾乎是在同一時間右手施拳攻擊對方的腹部。也就是說當對方的直拳打過來時，他的擊打力量是很大的。但是我並不與他硬碰硬，而是利用力學槓桿原理在瞬間改變他力量擊打得方向，同時在攻擊他的薄弱之處，這時即使他力量再大，也無濟於事了。因此在設計戰術時，在知己知彼的基礎上，要善於運用散手技術相生相剋的原理，採用一定的克制性技術制約對手優勢的發揮，佔有賽場上的主動權。

(五)隨機應變原則

在實戰中，人是不斷移動的，戰術也是不斷變化的。一般而言，每個人都具有自己的風格特點及所擅長的技法，而且心理素質也不盡相同，所以在實戰中，選擇什麼樣的進攻時機和進攻方式，都應根據對手的特點來確定。無論之前你的計畫制訂的多麼詳細和周密，一旦與賽場上的實際情況有差別，那麼一定要根據賽場上的具體情況而改變戰術。在這裏千萬不可生搬硬套，使自己的戰術陷入固定模式之中。如果發現對手有新的行動意圖，就得立刻

拿出與之相應的對策加以應付，否則，稍微遲緩或所用對策無效，便會陷入被動挨打的不利局面。

在意拳散手的正規交流或比賽中，戰術的設計一定要靈活多變，不可固守一術。需要在知己知彼的基礎上，考慮對方會採用什麼樣的戰術，假如自己的戰術被對方識破，對方會採用什麼的變化，面對對方的變化，自己又該採取什麼樣的措施等等。所以針對這種情況，就要多設計幾套戰術加以演練，關鍵是要能夠根據賽場的不同情況，即興編造新的戰術來與對方周旋。這樣可以最大限度地適應對手，並給對手造成很大的不適應，從而取得主動權。當然，散手戰術的靈活性要有明確的目的和針對性，要以戰術的實效性為主，切不可華而不實。

同時，戰術的隨機應變還有賴於冷靜、機敏的判斷和預洞察先機的能力。除此之外，勇氣和良好的肌肉控制也是必不可少的。而且如何抓住對手的弱點，也是戰術隨機應變原則運用中的一個重要方面。

三、散手戰術主要形式

姚承光先生曾講過，意拳散手是遊擊戰而不是持久戰。既然是遊擊戰，如果沒有靈活而有效的戰術作指導，就算偶獲小勝，也終免不了失敗的結局。因此，我們必須看到戰術實施的重要性長期性連續性和艱巨性，並進一步提高對戰術研究重要性的認識，制訂機動靈活的戰術原則，努力去實現自己的目標。

意拳散手的戰術是在實戰中由對對手觀察與分析，並合理地運用各種技術，從而總結出來的。

(一)主動進攻戰術

主動進攻戰術是指主動向對方發起進攻的戰術形式。主動進攻戰術在以下幾種情況下可以使用，如體力比對方好時；場上佔有技術優勢時；功力比較大，但技術經驗不如對方時；技術較好但耐力不如對方，想儘快結束戰鬥時；對方的心理承受能力較差時等等。但需要注意的是，採用主動進攻戰術並不等於猛拼蠻幹的只顧進攻不要防守。主動進攻也要在清醒的認識客觀情況的基礎上，仔細觀察對手有哪些特點，是否具備上述主動進攻的條件後才可以實施。

而在對付一個鎮靜、耐心的對手時，不要採用主動進攻方式，因為這樣的人一般對自己的防護都是很嚴密的。而一位優秀的散手運動員，首先是以靈活的步法來控制對手，然後才是不斷運用假動作、佯攻和短促的發力來破壞對手的節奏，即學會利用自己的節奏，迫使對手陷於混亂，然後才進行突然襲擊。另一種有效的方法是時差進攻法，也就是在擊中對手前的一瞬間稍做停頓，因為此拳可破壞對手的防守。另外，對於一個新手的節奏，可能會因其不規律而很難判斷。他可能對你的引誘不上鉤，但他會因此驚慌失措，並以毫無目標的胡掄亂打阻擋你的進攻，不過有時他會碰擊你的肢體，為避免這一點，你要先學會耐心，即在對手露出破綻時才迅速、簡捷地直接攻擊之。

(二)誘敵反擊戰術

姚承光先生曾講：「實戰時不僅要主動進攻，同時也要採取誘敵反擊的戰術。誘敵深入表面上是空檔，實際上

則是暗含殺機，當對方進入自己的埋伏圈之後，再進行有效的反擊。」在散手實戰中，誘敵反擊戰術是指故意暴露出自己的空門來引誘對手先出手，然後自己再乘機反擊的方法。故誘敵反擊戰術較常用來對付技術較優的對手。此外，尤需練習各種不同的誘敵反擊技法，且動作達到純熟、自然、連貫方可。

在「誘敵反擊」時，需要你暴露出身體的一部分，以誘使對手進攻那一部分。而且一旦對手這樣做了，你即可在採取防禦的同時，進行猛烈地反擊。誘敵也是誘使對手對你的假動作做出反應的策略，讓對手在不經意間很自然地陷入你所設置的「陷阱」。實戰本身就是兩人之間的鬥智鬥勇的過程，因此你不妨學的「詭詐」一些。

對於經驗豐富的運動員來說，誘敵反擊戰術是一種妙策，運用起來相當安全，並能有效地重創對手。因此在與高水準的運動員進行實戰時，極易遭到他的重力反擊，但反擊是需先避開進攻，並在對手失去平衡或者是防守薄弱時打擊他，而且反擊之後，要趁機一直壓制對手，不給他以喘息之機。通常情況下，引誘對手主動進攻，遠比耐心等待對手先行攻擊更為有利，因為誘敵的動作常包含策略與方法的運用。這時，由於對手進攻注意力與身體動作均專注於攻擊而非防禦，所以此技法能為自己創造許多絕佳的攻擊機會，它可在對手立足未穩之際，便可立即予以反攻。

誘敵戰術的實戰運用如下:

1. 在對手攻來的最後一個動作時，就要領先一個節拍，即我一定要在半途截住對手的攻擊，進而反擊其空門要害部位。在這裏，需要注意的一點是，這種戰術的實施所製造的

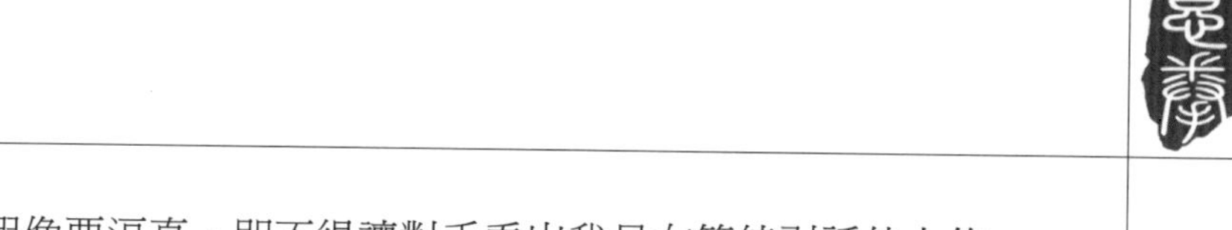

假像要逼真，即不得讓對手看出我是在等待引誘他上鉤。

2. 當對手確為假像所動，貿然向我方攻來時，我可將計就計，並斜撤或後移，以避開對手攻擊的鋒芒，並借此消耗他的體力，隨之而來的反擊便可付諸實施了。

(三)假動作戰術

假動作戰術是指在直接進攻不易實施時，採用一些假動作來迷惑對方，從而尋找機會進行攻擊的戰術形式。

科學實驗證明，人類在對兩個相繼的刺激分別產生反應時，存在著心理不應期的現象。假動作戰術正是利用了這種規律，使對方在對第一個動作產生反應時，卻使用隨即而來的第二個真正的動作進行攻擊，從而產生意想不到的效果。當自己和對方周旋時，自己可先用左前手拳假裝去擊打對方的頭部，就在對方下意識護頭的瞬間，自己卻突然向下用右手拳擊打對方的腹部。在實戰中所以說，運用假動作的主要作用就是縮短與敵之間的距離，並迫使對手做出錯誤反應而贏得進攻時機。

在實戰中，假動作就是運用眼、手、身體及腿腳的虛晃來迷惑、欺騙和擾亂對手，如對方一旦反應做出某種動作，則就會為你所利用。另外，假動作還可以用來確知對手對每一個動作所產生的反應情形如何。

下面介紹意拳假動作的運用目的和作用。

1. 運用假動作的目的

（1）利用一切有效手段，打開自己意欲攻擊對手的空門，力求以智取勝，而非靠蠻力。

（2）迅速迫近對手，利用各自攻擊假像使對手遲疑或猶豫不決，從而貽誤戰機而是自己獲得進攻的機會。

（3）由假動作誘使對手防禦，目的是為了使對手引入困境並加以攻擊，或者是消除對手的攻擊，並在對手後撤或收手時予以反擊，如此自可攻擊對手以措手不及。

2. 運用假動作的作用

（1）可作為簡捷、直接的攻擊手段，以求出其不意。

（2）可作為閃躲不定的攻擊，從而令對手難以捉摸。

（3）對手的防線之內，即力求用最小的力量來獲取是大的效果。

（4）作為混戰中脫離對手的有效手段，以便再度發動攻勢。

（5）可從精神上、心理上、肉體上壓迫對手，力求不戰而瓦解其鬥志。

（6）作為攻擊開路的手段，從而為攻擊創造有利條件。

(四) 對不同類型對手的戰術

姚承光先生在實戰時的特點是：常用靈活的步法來控制距離，以多變的技法來控制對手，然後不斷地用假動作和短促有利的發力破壞各類對手的節奏，而後予以攻擊。

下面是在實戰中對付各類對手的方法。

1. 對付保持精確距離的對手

在實戰中，如果我們面對的是一個始終保持精確距離

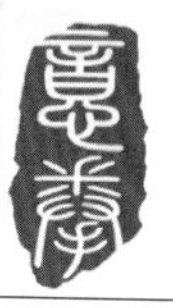

難以接近的對手，由於這種類型的對手防範意識很強，為了保證自身的絕對安全，他們一般都是在攻擊範圍之外活動，所以要想接近他，就必須先向後退一步，將其引入攻擊的距離之內，再予以猛烈反擊。但如果過於頻繁的重複這種有準備的進攻，那將會招致對手的截擊而不是閃躲，因此，應最大限度地消除或縮短易受攻擊的時間。而且有時即使故意露出破綻，也應恰到好處，以便「願者上鉤」。

2. 對付動作不規律的對手

在實戰中，當你面對一個技擊動作沒有規律和節奏的對手時，你的對手很可能會發動無意識的時間差進攻，以至一些頗有經驗的運動員面對這種打法一時間也束手無策。在這種情況下你可保持一定的距離，當笨拙的對手為了打倒你，而把動作做的過火時，你再進行反擊。而且反擊之後要一直壓制對手，並直至將其擊倒不起為止。

聰明的運動員總是會採取不同的方法與對手交戰，他會利用各種戰術來改變距離和位置，以期控制對手，掌握場上的主動權。

3. 對付準備充分的選手

在實戰中，當你面對一個做好充分準備的對手時，可向前跨步並以拳法發動進攻，牽制住他或者迫使他做出錯誤反應，以便為自己創造機會。當對手撲過來時要閃開他的打擊，然後再趁他前衝時未收住腳，或在恢復姿勢的過程中向他反攻。而對手在完成進攻動作的短暫時間裏，他的腳是不會再有其他動作的。

在某些時候，要迫使對手窮於應付，使其無法恢復原來的防禦姿勢，並無法對付你的閃避和反擊，這的確是很聰明的手段。但是你必須搞清楚，對手是否在利用假動作的截擊，在引你上鉤，這一點，初學者需切記。另外，正確的選擇時機和保持適當的距離，也是對付一個作好充分準備對手的關鍵因素。

4. 對付矮個對手

在實戰中，個子較矮的對手，一般來說力量大、步法靈活、體力相對較好，但是他們的手腳短，不利於遠距離攻擊，一般都喜歡進攻逼近他的目標，以彌補其打擊距離短的弱點。如果他很強壯，他會靠近你進行搏鬥，如果遇到這樣的對手，儘量不要與其近距離格鬥，而應將防守的範圍擴大，以此來破壞和限制他的技、戰術的實施。

而反擊對手時，則需在能夠擊中對方的情況下才出拳，若對手先出拳，我則在閃避的同時猛烈反擊。而且擊中目標時要有足夠的勁力貫穿對手，然而身體不可因此過分前傾，以免被矮個拳手所利用，在反擊過程中，要出拳「貫穿」對手，即在接觸目標時，不僅要保持原有的速度，甚至要加速度將力道貫入對方體內，使其因此而破勢。如果對方擅長摔法，應在進攻時適當降低身體重心或加強防摔意識，最好以拳腳擊打為主，並與對手保持一定的距離，不可貼身近戰。

5. 對付高個對手

在實戰中，高個子對手手腳都比較長，但是步法呆

板，動作幅度較大，動作較慢，身體重心不穩，但其打擊距離長，力度較強。對付這樣的對手，要先保持安全距離，再尋機靠近。而對付連續攻擊又步步逼近的對手時，不要總是後退，要在保持好距離的情況下，迎上去破壞其動作的節奏，然後再施以連續反擊。

通常在貼近對手時，可攻擊其下顎部位，但勿朝對方頭部而發，即需瞄準其中線出拳「貫穿」對方。在接近對手時，雙手應保持間架並稍高抬，兩肘貼近身體，並利用下閃和晃身及左右閃躲，來仔細判斷對手防禦的情形。等接近對方內側後，可用勾拳重創其肋骨或心窩，勾拳是建立在對人體構造的瞭解和其槓桿作用的原理之上，它的每一擊，均需用全身重量，以身體來打擊對方。

6. 對付防守型的對手

在實戰中，防守反擊型選手一般都是力量好，大腦清醒而鎮定，防守能力強，並且能夠有效地把握反擊的時機，但他的弱點是不善於主動進攻，一般體力相對較差。所以當面對一個防守型的對手時，如果發動頻繁的進攻，那是極不明智的。正確的方法是應針對這些特點，可先用假動作創造機會，然後再施以真實進攻。同時你應該採取逼近連續快攻，使對方沒有足夠的時間防守或尋找機會。一次快攻結束，要迅速撤離對手，使其無法反擊。也可採用遊擊戰術，結合假動作誘惑對方，在突然快速步法移動中突然攻擊對方，一旦貼近對方之後就要連續進攻，運用推斷結合技法直至對方失去戰鬥力。

總之，對防守反擊穩打的選手，應採用多變的戰術，

打中了就要連續進攻，打不中就要迅速撤離，使對手始終沒有適宜的時機和喘氣的機會進行反擊。

7. 對猛攻型對手應採用的戰術

此類對手一般體力較好，但戰術意識較弱，容易過度興奮、激動和被人引誘。他們一般採用近身戰術連續不斷地進攻，其指導思想是在極短的時間內，以最快的速度將對方擊敗。倘若你遇到這樣的選手，要及時試探出他最擅長什麼樣的技術。他們雖然進攻猛烈，但防守技術相對較差，所以最重要的是我們在防守的同時，要運用各種技法進行反擊。因為此時對手主要的目的就是怎樣在最短的時間內打倒你，由於其進攻的意識太強烈了，所以他往往會忽視自身的防守，再加上他連續的出拳、踢腿，身體早已暴露多處空檔，所以這時我們要以靈活的步法和其周旋，並尋找機會進攻。

(五) 運用距離感戰術

在實戰中，能否有效地運用技術與正確判斷距離的技巧息息相關。因此，在攻擊前的瞬間，必須先正確判斷敵我之間的距離，惟有如此才能準確把握對方移動的情況。如果敵我之間的距離判斷正確，那麼在對方攻擊即將結束的時候，我就能輕易地抓住瞬間的虛隙予以攻擊。

兩位技術熟練的拳手相遇，雙方都力圖奪取有利的位置，他們之間的距離是不斷變化著的，最好的辦法則是一直處於對手一拳打不著自己，而自己又前出一小步便可擊中對手的位置上，這個距離不僅取決於自己的速度和靈敏性，同時也取決於對手的速度和靈敏性。

意拳散手講求的是靈活多變，應感而發。所以你必須練習步法的靈活移動與距離的變化。在實戰中，你不僅要確保自己的距離感，且需不斷地在自己距離的界線上繞動，以此擾亂對方的距離感。當對方被我方的動作困惑後而無意間踏前時，可乘隙予以致命地攻擊。也就是說，與對手之間的距離準確與否，取決於移步的速度和步法技巧的掌握程度。

當你瞭解了對手的距離感特點後，就要適應它，在緊逼或後退中，都能做到恰到好處，以便尋找出機會。在這裏，步幅的大小要隨對手的移步的情況而調整。對於善於運用距離的選手來說，他從來都不會長時間地停留在某一點上，而是以不斷地運動來迷惑對手，使對手對距離感難以把握，況且，一個移動著的目標不僅較難被擊中。你可以不斷地變換距離和節奏來迷惑對手，擾亂他對進攻或防守的準備，並使其始終處於失去平衡的狀態。在有效地運用距離時，動作要輕鬆自如，巧妙準確，既要輕而易舉地施展技法掌握好好時機，又要準確無誤，協調一致，從而打亂了對手的節奏，控制對手的距離感。

在實戰中，一旦你認為已摸清了對手的虛實，就可以出其不意地接近他，達到中等距離，在此距離上你既能處於對手的攻擊範圍之內，又能貼近他或出招攻擊他。如果能把握好時機，這是一個較為安全的距離。對於一個技法嫻熟的選手，常會用靈活的步法和假動作來引誘對手縮短間隔和距離，也就是較優秀的選手總是在不斷地運動之中，總是在尋找良機逼近對手，或在對手變換步子的瞬間

發現可乘之機而進攻。總之，聰明的選手通常不只是做前後的直線運動，而是前後、左右迂迴地相互轉換。

在意拳散手中，近身纏抱，貼身發力是一大特點。近距離格鬥通常是較難的，除非是你夾住了對手的臂。確切點說，優勢在先下手的一方。

當處於近距離時，如果擅長推手技法，那麼在近身格鬥中，就能佔有一定的優勢。因為在近距離格鬥中，你的技法使用主要就是雙臂而非下肢。

下面再強調一下在不同情況下運用距離的原則：

1. 攻擊時運用距離的原則

（1）不斷地變換位置，求得適當的攻防距離，利用不規則的韻律來破壞對手的節奏，並保持自己的距離感，進而混淆對手的距離判斷能力，並連續施以重力打擊。

（2）善於抓住對方暴露弱點的瞬間，把握住正確的距離，並給於致命的一擊，攻擊後應迅速恢復到基本間架，以便進行下一個回合的搏鬥。

（3）實戰中，如能在確保正確距離的前提下，再加上力量的瞬間爆發，這是攻擊最有效的形式之一。

2. 防守時運用距離的原則

（1）需靈活而正確的運用步法，並適時把握住打擊的時機。

（2）防守時的姿勢要正確，並能隨時應付對手的突發襲擊和發起猛烈反擊，攻防要一體，而不能脫節。

（3）正確判斷對手攻擊的有效距離，從而知己知彼，

百戰不殆。

（4）隨時保持正確的姿勢，並隨時維持動作的平衡。

(六)連續攻擊戰術

姚承光先生曾講：「意拳散手的攻擊形式不是步槍，打一槍換一顆子彈；意拳散手的攻擊是機關槍，一旦得到機會就是連續性的攻擊，不給對方喘氣的機會。」

在意拳散手中所以說，通常不只攻擊身體的一個部位。一名優秀的意拳散手運動員通常可由不同的角度發起進攻，而且他每一拳的姿勢必可為連續出拳創造條件，這正體現了意拳渾圓力瞬間將力量集中到一點上和瞬間改變力量的方向的特點。

連續攻擊法在擊打對方的過程中實際上也是誘敵與真實攻擊的綜合運用，往往是一招引誘對方漏出破綻，進而施以連續的攻擊，使對方無法招架。在實戰中，倘若敵我雙方的距離的判斷能力、技術能力和速度都相當時，就必須要善於抓住機會來求取優勢了。

在運用連續攻擊發之前，還需先觀察瞭解對方的反應。所用假動作必須能有效地欺誘對方，同時假動作的運用也要適可而止。連續攻擊的技術組合不要太複雜，儘量運用簡單直接的技法來達到攻擊的目的。

而有經驗的運動員與初學者之間的區別是：有經驗的運動員能及時地發現機會，並能迅速地利用它，做連續的攻擊，從而令對手防不勝防。同時還能充分運用自己的技術和智慧，為他的連續性進攻創造條件。在發出最有力和最具摧毀性的攻擊之前，促使對手不斷地暴露出破綻，緊

接其後的才是足以致命的一擊或連續的攻擊。

(七)合理運用節奏戰術

在意拳實戰中，所謂節奏的合理運用，是指在極短的時間內，能夠有效地運用動作並破壞對方攻擊韻律的要素。實戰雙方如果實力相當，那麼在進行抗衡時，相互之間的攻防動作似乎有一種「節奏感」或「韻律感」存在，即為前一個動作做出隨即而來的反應。一旦這個韻律或節奏被破壞了，就會陷入被動挨打的局面。意拳實戰的一大特點就是運用各種技法在瞬間破壞對方的節奏，擊打對方於慌亂之中，但要注意的是對方假動作的運用。

在攻擊中，我們如果故意去破壞這種韻律感的存在，對手必會因無法及時調整節奏而做出本能、消極的攻擊或防禦動作。這時他無論從生理上或心理上都會失去平衡，並產生手足無措的感覺，從而使整個局面突變。

(八)重創戰術

重創戰術是指在散手比賽中，抓住機會後利用猛然的發力來攻擊對方，從而使對方失去重心和戰鬥力，或在承受了猛然發力之後，對方失去了繼續比賽的信心的戰術形式。

採用重創戰術首要的前提是，要耐心的尋找機會，而當機會來臨時就要迅速、果斷、準確、猛然地向對方發力進攻。重創戰術的使用是，需要自己有強大的爆發力作為基礎。

第6章 意拳散手不同實戰技法演練

第一節 意拳散手實戰技法演練

在經過了一系列的散手基本功訓練之後，我們就要進行散手實戰的訓練了。在前一章我們曾講過，意拳散手不同於一般意義上的競技散手，它屬於不附加任何條件的徒手搏擊。意拳散手與推手是緊密結合的，推手是散手的基礎，可以彌補散手技術上的不足，在意拳的實戰技法中，往往把這種搏擊形式稱為「推斷結合」。推斷結合是意拳高級實戰技法，是真正意義上的不附加任何條件的「貼身肉搏戰」。關於「推斷結合」的系統訓練程式，筆者將會在《意拳推斷手闡微》一書中進行詳細的講解，在此就不做過多的闡述了。

王薌齋先生曾講「拳本無法，有法也空。」突出了意拳不重方法的特點。因為在實戰中「一式可百式，百式而千式，百千式而歸於一式之基」，所謂的方法是沒有固定形式的。但是王薌齋先生又講「一法不備，萬法不容」，又說明了意拳還是有方法的。意拳之法乃全身之法，是實戰的原則原理之法，而非枝節、片面、局部的動作所能成就。最重要的是要掌握意拳的核心原則，意拳的訓練就是讓人體的神經肌肉達到高度的協調統一，肢體間能處處連通成一個有機的整體，相互響應。即所謂「一動無不動」，練成自身感覺的高度靈敏協調，並由鬆緊轉化培養整體的彈力，要求「無點不彈簧」。

姚宗勳先生說過「提起『拳』人們往往會想到『拳頭』，這是不夠全面的。要練拳就要從『拳頭』的束縛之中解放出來。在實際運用中，無論頭、手、身、足、肘、膝、胯任何部位都可以成為打擊的武器。」

第二節 意拳散手實戰技法範例

下面是由姚承光先生親自演練的意拳散手實戰技法：

意拳散手實戰技法1

【技術說明】甲乙雙方以基本實戰間架對峙；（圖6-1）突然乙方滑步向前，以雙臂砸向甲方的間架；（圖6-2）甲方瞬間一緊，抗住乙方的力量，並順勢下坐雙臂向外翻轉，後腳下踩前蹬催動身體向前，用基本

圖6-1

圖 6–2

圖 6–3

圖 6–4

圖 6–5

向前發力技術將乙方發放出去。（圖 6–3～5）

意拳散手實戰技法 2

【技術說明】甲乙雙方以基本實戰間架對峙；（圖 6–6）乙方使用右直拳突然擊打甲方的面部，甲方就在乙方右直拳擊打的瞬間，向身體左斜前方上步，用左手拍擊甲

圖 6-6

圖 6-7

圖 6-8

圖 6-9

方的右手臂，右手變掌順勢擊打乙方的脖頸處。（圖 6-7～8）

意拳散手實戰技法 3

【技術說明】甲乙雙方以基本實戰間架對峙；（圖 6-9）甲方突然右斜前方上步，左手拍擊乙方的右手臂，右拳順勢變掌砍擊乙方的脖頸。（圖 6-10）

圖 6-10　　圖 6-11　　圖 6-12

緊接著當乙方抬起間架的同時，甲方手臂擠壓乙方間架，突然下壓發力。（圖 6-11）

就在破壞乙方間架的同時，甲方左手控制乙方的右手，並突然抬起右肘擊打乙方的左側面頰。（圖 6-12）

意拳散手實戰技法 4

【技術說明】甲乙雙方以基本實戰間架對峙；（圖 6-13）甲方突然上步向前用雙臂拍擊乙方的間架；（圖 6-14）順勢下壓發力，用頭部前額撞擊乙方的面頰；（圖 6-15）緊接著甲方左手控制乙方右手，並一記右下栽拳擊打乙方的脖頸。（圖 6-16）

圖 6-13

圖 6-14　　圖 6-15　　圖 6-16

意拳散手實戰技法 5

【技術說明】甲乙雙方以基本實戰間架對峙；（圖 6-17）乙方突然右手直拳擊打甲方頭部，甲方在乙方擊打的同時，身體向右斜前方滑步，並用左直拳擊打乙方的小腹。（圖 6-18）

圖 6-17

圖 6-18

圖 6-19

圖 6-20

甲乙雙方以基本實戰間架對峙；（圖 6-19）甲方突然上步向前，左前手猛然拍擊乙方的右直拳，就在乙方身體向前載的瞬間，甲方右手栽拳猛然由上而下擊打乙方的下頜部位。（圖 6-20）

意拳散手實戰技法 6

【技術說明】甲乙雙方以基本實戰間架對峙；（圖 6-21）甲方突然進步向前，雙手拍擊乙方的間架，猛然下壓回帶；（圖 6-22）就在乙方身體重心前傾的瞬間，甲方左手控制乙方右手並向左側斜帶，同時右手橫拳順勢技法擊打乙方的左側面頰。（圖 6-23）

圖 6-21

圖 6-22

圖 6-23

意拳散手實戰技法 7

【技術說明】甲乙雙方以基本實戰間架對峙；（圖 6-24）乙方突然上步向前以右腿側踹踢擊甲方的右肋部；（圖 6-25）就在乙方右腿接觸甲方身體的瞬間，甲方周身猛然一緊，整體向前發力，將乙方發放出去。（圖 6-26）

圖 6-24

圖 6-25

圖 6–26

圖 6–27

圖 6–28

圖 6–29

意拳散手實戰技法 8

【技術說明】甲乙雙方以基本實戰間架對峙；（圖 6–27）甲方以左側間架站立，這時甲方左腳向左斜前方上步，右腳順勢跟步，落步瞬間變成由原來的左側間架變成右側間架；（圖 6–28）並進步上前，以右手直拳擊打乙方的面部。（圖 6–29）

圖 6-30

圖 6-31

甲乙雙方仍然以基本實戰間架對峙；（同圖 6-27）這時甲方左腳向左斜前方上步，右腳順勢跟步，落步的瞬間仍然保持左側間架，並進步上前，以左手直拳擊打乙方的面部。（圖 6-30）

意拳散手實戰技法 9

【技術說明】甲乙雙方以基本實戰間架對峙；（圖 6-31）甲方突然進步上前雙手拍擊乙方的間架；（圖 6-32）並下壓回帶，就在乙方身體前傾的瞬間，甲方起膝攻擊乙方的胸腹部。（圖 6-33）緊接著甲方左手控制乙方的右手臂，一記上鑽拳擊打乙方的下頜處；（圖 6-34）就在對方還未反應過來的同時，甲方又變拳為肘狠狠擊打在乙方的脖頸處。（圖 6-35）

意拳散手實戰技法 10

【技術說明】甲乙雙方以基本實戰間架對峙，乙方突

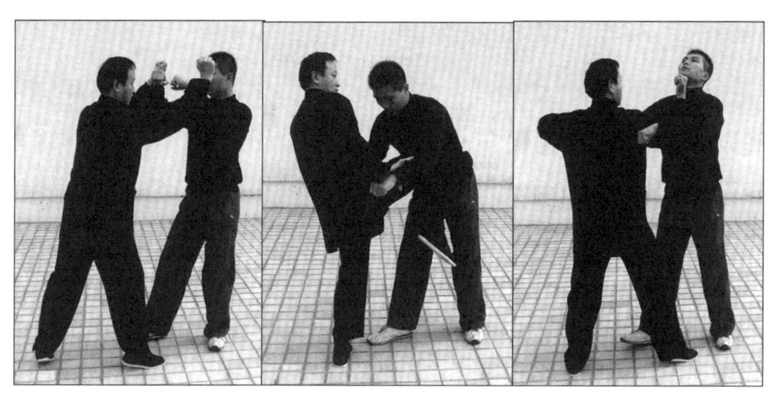

圖 6-32　圖 6-33　圖 6-34

圖 6-35

圖 6-36

然以右手直拳擊打甲方的頭部。（圖 6-36）就在甲方左手拍擊乙方直拳的瞬間，右手由拳變掌向下劈擊乙方的前額；（圖 6-37）甲方順勢向右側下壓旋帶乙方的間架，（圖 6-38）就在乙方身體前傾的瞬間，甲方隨即起身上站，以一記右栽拳擊打乙方的鎖骨部位。（圖 6-39）

圖 6-37　圖 6-38　圖 6-39

意拳散手實戰技法 11

【技術說明】甲乙雙方以基本實戰間架對峙；（圖 6-40）甲方突然進步上前，以左手直拳擊打乙方的下頜部位，就在乙方右手間架本能地用力上抬時，甲方借助乙方右手臂上抬的力量，順勢向斜下方回帶。（圖 6-41）

圖 6-40

圖 6-41

就在乙方失去重心的瞬間，甲方隨即以右手栽拳擊打乙方的脖頸處。（圖 6-42）

圖 6-42

意拳散手實戰技法 12

【技術說明】甲乙雙方以基本實戰間架對峙；（圖 6-43）這時甲方左腳向左斜前方上步，右腳順勢跟步，落步的瞬間仍然保持右側間架；（圖 6-44）並進步上前，以右手下劈擊打乙方的右側太陽穴部位。（圖 6-45）

隨即甲方右手臂搭在乙方的右手臂上，並向斜下方下壓回帶；（圖 6-46）就在乙方身體前傾的瞬間，甲方身體猛然上站，一記右手橫拳直擊乙方的嘴部。（圖 6-47）

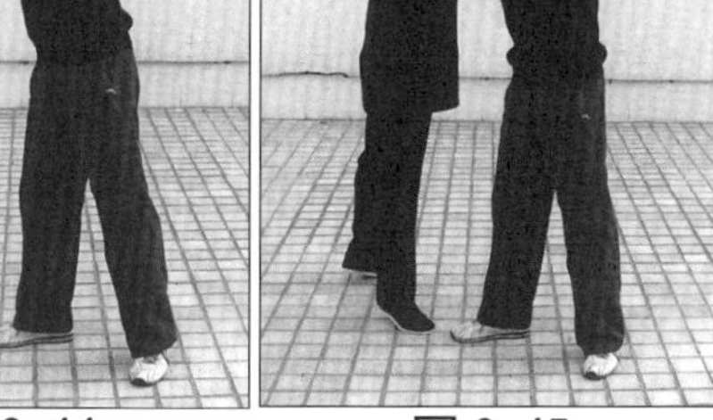

圖 6-43　圖 6-44　圖 6-45

圖 6-46

圖 6-47

意拳散手實戰技法 13

【技術說明】甲乙雙方以基本實戰間架對峙；（圖 6-48）甲方突然進步上前雙手拍擊乙方的間架，下壓回帶；（圖 6-49～51）就在乙方身體前傾的瞬間，甲方左手壓住乙方的有手臂，突然起身上站，右手鑽拳擊打乙方的下頜

圖 6-48

圖 6-49

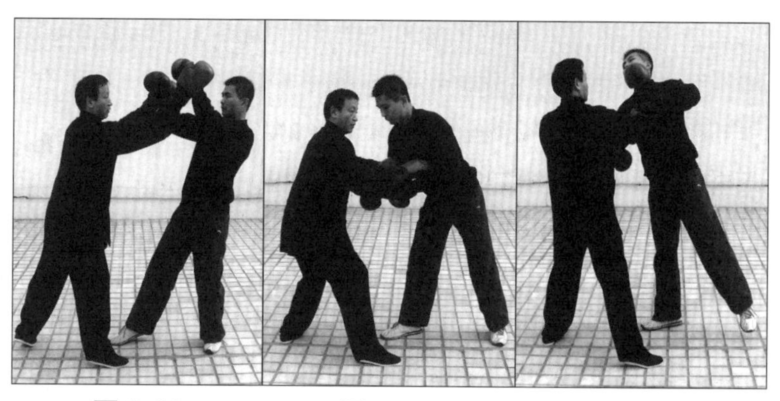

圖 6-50　　圖 6-51　　圖 6-52

部位；（圖 6-52）並隨即用右手勾住乙方的脖頸猛然下帶發力，順勢起膝攻擊乙方的胸腹部。（圖 6-53）

意拳散手實戰技法 14

【技術說明】甲乙雙方以基本實戰間架對峙；（圖 6-54）甲方突然進步上前雙手拍擊乙方的間架，同時起右腳

圖 6-53

圖 6-54

蹬踏乙方的膝蓋部位；（圖 6–55）隨即甲方右腿後撤，身體後坐，順勢將乙方間架下壓回帶；（圖 6–56）就在乙方身體失去重心的瞬間，甲方右手控制乙方的左手臂，隨即左手栽拳擊打乙方的左側脖頸處；（圖 6–57）當乙方還未反應過來的同時，甲方左手控制乙方的右手臂，又以右手橫拳擊打乙方的左側面頰。（圖 6–58）

圖 6–55

圖 6–56

圖 6–57

圖 6–58

心香一瓣和淚書

寫在後面

謝永慶

自拙作《意拳心法》一書問世以來，得到了海內外廣大意拳愛好者的關注，在此，我謹向所有關注《意拳心法》的朋友們表示感謝！

很多朋友在來信中說，他們看了《意拳心法》之後，不僅在拳理上有了更深刻的認識，同時，姚承光先生的拳學精神也給了他們莫大的激勵！

是啊，多年來，姚先生的這種執著的精神也一直在激勵著我，使我將意拳作為畢生的追求！

所以，在上大學的四年以及參加工作到邯鄲大學，每年的所有假期我幾乎都是在北京度過。這些年來，在家呆的時間沒有在姚老師身邊的時間多。為此，對於家人，我時常感到愧疚，尤其是對我的父親！

身為國家公務員的父親雖然平時工作很繁忙，可是為了培養我學好意拳，多年來總是一個人默默地承受著家庭和工作的雙重負擔。2006 年的春節，我從北京回到家中，看到父親的精神狀態很不好，當我問父親時，父親笑笑說，過年了，事兒多，累的吧。

過了年，我執意要父親到醫院檢查，父親答應了。經檢查才發現父親的病已經到了晚期。看著那化驗單上的結果，我悔恨交集！

父親住院了，在父親的病床前，放著唯一的一本書就是我的《意拳心法》，父親雖然不懂意拳，但父親還是一遍又一遍地讀，每當向別人介紹這本書的時候，父親總是很驕傲，很自豪，

因為這本書是他兒子寫的，他多年來的心血沒有白費，兒子出息了，都出書了，這對父親來說是莫大的欣慰！

看了《意拳心法》，父親對姚老師和意拳有了更深的瞭解。他常常叮囑我說：「全面繼承姚老師的拳學思想，要將意拳上升到學術的高度去研究！」

後來我跟父親說，《意拳心法》出版以後受到大家的歡迎，北體大出版社再計畫出版一套《中國意拳標準教程》。父親聽後很高興，表示要全力支持我。可是就在這個時候，醫生告訴我說，父親的病隨時都會有生命危險！

我真的不敢面對這個現實，可是父親卻好像什麼都沒發生一樣，每天樂觀地生活著，然而我深深地明白，這是父親不願給我太多的壓力啊！父親還時常督促我，儘快把書寫出來，他想早點看到！

可是父親最終沒能實現這個願望！

今年四月的一天，父親永遠地離開了這個他曾經熱愛和眷戀的世界！

父親走的那天下午，我正在單位的宿舍裏寫書，所以我連父親的最後一面也沒有見到。我曾對父親承諾，這套書出版後作為禮物來祝福他 58 歲的生日！而如今也只能將這份承諾縈繞筆端，用靈魂的血，浸透別離的文字，將這份祝福化作美麗的千紙鶴，放飛，朝向那遙遠的天國！

父親是我的人生導師，從兒時的成長到上學、工作以致確立自己人生與事業的方向，人生中每一個關鍵時刻都離不開父親的指導！

父親雖然走得很匆忙，最後的那一刻也沒有留下一句話，但平日裏父親的教誨，父親善良、純樸、豁達、淡泊的品質足以為我以後的人生導航！我無力去挽回什麼，因為曾有多少，即使是巨匠宗師，甚至偉大的神——基督也逃脫不了命運的安排，導致

一生孤苦貧病直至被釘在「十字架」上……

今夜，我深摯地、悲愴地為一位用真愛呵護了我 28 年的父親獻上一片淚影，每一滴淚都折射出兒子那悲慟的心境，宛如在歷史的長夜中獨舞者吟唱的史詩，詩如長虹如汪洋，如天籟之音韻，澄明絢麗，深邃而又空闊！

我深深地明白，父親的離去並不是要引導我走向深深地絕望，更不想讓我放逐痛苦沉湎於回憶之中。父親是要我把命運拋給自己的不幸，轉化為一種生命力的擴張，把自己對生命的內省昇華為意志力的獨白，把一切的幸與不幸皆看作是對自己生命的歷練。我永遠不會忘記父親的話：「等你以後真正事業有成了，就是對父母、對家庭最好的報答！」

如今，《中國意拳標準教程》終於問世了，在這裏我首先要將這本書獻給我的父親，以表對父親的歉意和懷念！

在這套書出版之際，我要感謝德高望重的昌滄老先生在百忙之中為本書寫序，感謝恩師姚承光先生對本書的全力指導和親自示範動作，感謝北京武術運動協會秘書長、北京武術院院長毛新建老師，《中華武術》李平老師，《武魂》馮黎老師、常學剛老師，宗勳武館副館長賀榮先生以及「中華武道網(www.china-wd.net)」、「意拳國際（www.yqworld168.com）」網站對本書的關注，感謝我的單位邯鄲職業技術學院領導對我業務上的大力支持，同時，對也感謝我的師弟朱文清、王超配合姚先生為本書示範動作！

於北京體育大學研究生公寓

國家圖書館出版品預行編目資料

意拳散手 / 謝永廣　編著
——初版，——臺北市，大展，2009〔民 98.06〕
面；21 公分 ——（武術特輯；109）
ISBN　978-957-468-690-2（平裝）
1.拳術　2.中國
528.972　　98005983

意拳散手

ISBN 978-957-468-690-2

編　　著／謝永廣
顧　　問／姚承光
責任編輯／葉　萊
發 行 人／蔡森明
出 版 者／大展出版社有限公司
社　　址／台北市北投區（石牌）致遠一路 2 段 12 巷 1 號
電　　話／（02）28236031・28236033・28233123
傳　　眞／（02）28272069
郵政劃撥／01669551
網　　址／www.dah-jaan.com.tw
E-mail／service@dah-jaan.com.tw
登 記 證／局版臺業字第 2171 號
承 印 者／傳興印刷有限公司
裝　　訂／建鑫裝訂有限公司
排 版 者／弘益電腦排版有限公司
授 權 者／北京體育大學出版社
初版 1 刷／2009 年（民 98 年）6 月

定　價／300 元

大展好書　好書大展
品嘗好書　冠群可期